吴 晨

—— 著 ——

探源

AI 狂飙时代的管理常识
与实践创新

上海人民出版社

名 家 推 荐

在动荡多变的世界中看清纷杂现象背后的本源是众多学人孜孜以求的境界,但真能做到的并不多。本书作者以广博的学识和深刻的洞察令人信服地向我们展示了他在这一领域的功力和才华。吴晨先生在书中旁征博引,用生动有趣的实例和妙趣盎然的语言把读者带入经济理论的殿堂。跟着作者一起探源,一起思考,相信很多读者会像我一样对一些司空见惯的经济现象有全然不同的认识。

——苏锡嘉,中欧国际工商学院荣休教授

《探源》一如其题,是一幕人机时代面对人类行动的大思考。在探索人工智能应用与商业管理变革的交集时,把管理作为人类的社会行动放在机器狂飙环境的背景下,关照管理理念与实践的社会价值与意义,关注人类在人机社会的体验与未来,对每一位关注管理变革的人而言,《探源》是一部启发丰富的洞见之作,非常值得一读。

——邱泽奇,北京大学社会学系教授

《探源》将三方面议题汇聚在一起思考:AI狂飙时代到底会带来哪些变革?进入企业管理的深水区,需要哪些全新的思考?人在这个变革的时代,如何适应,又如何去推动涵盖教育和职场等领域内的一系列改变?《探源》给出的答案并不玄妙:唯跨界尔! 恰如作者吴晨在跋中写道:阅读、思考与表达,这应该是每个人的必修课。

——刘荣宁,香港大学协理副校长

目　录

下编 社会和未来

序　多模态,新变局

前瞻不易,需要我们拥有应对剧变的定力、直面困难的勇气和推动改变的恒心。面对纷繁复杂,分享三条重要的思路。

第一,回归基本面(Back to Basics)。

什么是基本面? 就是洗去铅华,回归到问题本身。在许多不同领域,这都应该是我们的出发点。

生成式人工智能经过两年多的高歌猛进,催生了一个巨大的产业,是否下一个高科技泡沫? 判断的标准是到底会有哪些落实的应用,到底会带来哪些生产力的提升。特朗普 2.0 时代的政策会带来哪些变化? 地缘政治又会有哪些板块撬动? 同样得从基本面分析:任何旷日持久战争的结果都是两败俱伤,所以俄乌寻求停火是必然的事情,只欠一个权威的调停者;同样是美国政治需要照顾普通民众的需求,与过去 4 年相比,你是过得更好还是更坏? 这一问题的答案决定了选举的走向。

中国经济的两个基本面也不容忽视:一个结构性问题是人口的快速老龄化,第二批婴儿潮(1963—1972 年出生)的人数总共 2.7亿,在未来 10 年陆续退休,既是对养老金体系的压力测试,也是推动转型的机会点,因为他们是第一代改革开放的受益者;另一长期存在的结构性问题则是消费不振。解决这一问题,靠喊,靠促,不太可能有太大的成效,需要提振信心,中期切实推动提升劳动者在一次分配中的占比,让劳动者的收入有所提升。

第二,变化只会持续加速,而我们在纷至沓来的变化中已经看到新范式的端倪,这个新范式可以称之为"多模态"。

在 AI 领域,我们将看到人机互动新范式的确立。人与机器的协作将从平面变成立体/空间,从屏幕转向眼镜,通过语音和 AI 助理互动,这一系列变化的结果是我们将第一次享受到以机器适应人的方式来互动,而不是我们通过键盘、鼠标、触摸屏来适应机器。新范式的基础是多模态,AI 可以处理文字、图片、音频、视频等多种类型的数据,建立理解物理世界的模型、生物化学世界的模型,并将这些不同模态的信息进行融合、关联和协同处理,实现更自然、更直观的人机交互。

同样,在地缘政治、经济政策和全球贸易领域,我们将看到"多模态"的新范式。地缘政治中,多模态意味着参与博弈者不再是大小国家,许多非国家的势力,无论是地方武装、恐怖组织、宗教势力,还是富可敌国的跨国公司、超越国界的高科技平台企业,抑或是身家巨万的商贾,都会施加影响力。经济政策和全球贸易也正在拥抱发展模式的多模态,产业政策在欧美被重新重视,中低收入阶层的诉求被民粹式地表达,都在推动全球精英主义者议程——全球化与自由贸易——的重新思考和重置。

第三，重塑信任，进而重建信心。

面对变局，需要对外重塑信任，进而对内重建信心。

中国企业出海面临的最大挑战并不是跨国、跨文化的差异，而是在多模态的地缘政治格局中信任的缺乏。比如，我们需要深入理解美国对华关系改变的深层原因：一是美国自身积累的问题的发酵，蓝领产业低收入阶层对全球化的持续不满，这种不满比全球化精英想象得要严峻；二是有美国自身面对强大竞争的不安全感和双方信任的缺失。

剧变时代，信心比金。过去一年，我们听到太多消费、就业、通缩的负面消息。如何重建信心？ 安倍的"三支箭"值得借鉴：股市繁荣；发钱促消费，财政刺激促就业；进而在信心稍有恢复之后推动实质的经济结构性改革。

下面分享五个方面的前瞻。

一、从对话到干活，AI 助理来了

2025 年最值得前瞻的是 AI 助理的崛起。从对话到干活，这是 AI 助理即将到来的生产力提升。

在未来的镜像世界中，XR 智能眼镜是替代智能手机的"下一个重大创新"，它将使得我们能够在虚拟世界和现实世界中穿行，享受 AI 助理在视线之内而耳边无时无刻的提示和帮助。如果说 XR 眼镜帮助我们建立智能物理世界和虚拟世界的双重链接,那么 AI 助理则将成为所有人的"智能管家",成为我们学习、工作和生活最重要的操作系统,或者说连接我们与外部世界最重要的纽带。两者将成为全新人机交互的硬件与软件。

具体而言,AI 助理将在三方面发挥巨大的作用。

首先,AI 助理会特别了解我们。这种了解源自它对我们学习、生活和工作的观察。这种观察有助于为我们提供高度定制化的服务。未来的学习可以做到个性化学习,按照每个人的学习进度和兴趣点来安排学习,改变工业时代以来接近 200 年传统的学习方式。未来的求职过程也可能是脱媒的,不再需要投简历来传递信息,AI 助理基于对我们的理解,可以更好地与负责招聘的 AI 对接,找到更为合适的工作。在未来的工作中,AI 助理也将成为最重要的日常沟通者和协调者,提升企业沟通的速度和质量,也让每个员工可以花更多时间在重要的工作和重要的沟通上,彻底摒弃当下知识工作者中流行的"伪工作",让更大规模的(比如百万人数量级)知识工作者之间的协作成为可能。

其次,AI 助理会很好地帮我们打理生活,从日程安排、邮件和日常沟通、行程安排,到订购日常用品,比如买菜等。这里需要引入 B2B 的概念,也就是 bot-to-bot,个人的 AI 助理与专业的 AI 助理,比如提供差旅服务,或者电商的 AI 助理的对接。未来许多简单的日常工作不再需要人参与,在一定预算之内,我们可以放心地交由 AI 助理来决定。在这种情况下,会涌现出什么样的全新商业模式,值得探索。

最后,提供"人＋AI"的全新工作与生活的方式。每个人有 AI 助理,它会帮助我们调用各种 AI 工具,就好像我们现在使用各种 App 一样。

AI 助理＋XR 是全新的范式创新,全新的人机交互模式,它的 iPhone 时刻——下一个开创式创新的开始——将在 2025 年开启。但我们不能低估现实中的挑战:是否有足够多的数据、信任问题、成本,都需要一一克服,更不用说智能眼镜所需要克服的镜片、重量、续航等实际问题。

如何利用好 AI 助理,提升生产力,每个人都需要从使用者的角度参与 AI 的训练。AI 专家将它称为"周一早晨 9 点钟"问题。AI 并不是开箱即用的,它并不了解你是谁,了解工作的语境和流程,它好像周一早晨到公司新人报到的大学毕业生,需要你花时间训练。

想要充分发挥 AI 潜力,每个人都需要学习成为与机器互动的优秀提示工程师(prompt engineer)。提问的能力恰恰是与机器互动最需要具备的能力,也再次对"应试教育"敲响了警钟。我们传统上尊崇埋头做事,鄙视光说不练,对展示、沟通和表达(即所谓 presentation skills)专注度不够,这一短板在 AI 时代需要快速补上。在 AI 助理拥有越来越多技能的未来,分析、沟通和表达的能力,即明确指示 AI 替你干活的能力,变成刚需。

换句话说,希望说一句话就让 AI 完成一个复杂的任务,是不可能的。当下的 AI 还不能真正发挥其生产率。AI 研发仍然处在码农视角的阶段,程序员按照自己的想象给 AI 设计任务,比如一句话生成一部短剧。但问题是 AI 不可能替代导演。站在导演视角,他所需要的是如何运用这个超强的工具。超越码农视角需要各行各业从自己的角度塑造全新的"人＋机器"工作流。

这一工作流会遵循三个特点:

1. 提出问题的是人——到底应该如何应用 AI,由人来作主;

2. 最终作出判断的也是人——AI 的成果需要人来检查,作出最终判断;

3. 新工作流并不是人的流程的简单复制,需要分拆和重组。

全球市值最高的七朵金花(Magic Seven)中英伟达和特斯拉持续绽放,占标普 500 成分股三分之一市值和四分之一利润。我们是否面临 AI 催生的高科技泡沫?市场对规模边际效益递减(Scaling Law)还是充满担心,担心堆砌更多算力和更大的数据,并不一定能带来同样大的 AI 能力提升,AI 能力会陷入边际效益递减的情况。

AI 模型的多模态能一定程度疏解市场的担心。有趣的是,多模态不只是 AI 领域的特点,也是全球化的全新特征。

二、从大模型的多模态到地缘的多模态

AI 的发展迈向多模态,地缘政治也是如此。

无论是叙利亚还是中东,地缘乱局的参与者远远超过参与国家的数字,多种势力交错,呈现多模态。

地缘好像骨牌一样,牵一发而动全身。阿萨德政权在叙利亚的倒台就是这种骨牌效应的体现:以色列对哈马斯和真主党的重击,俄罗斯和伊朗的后缩,特朗普当选后美国外交政策改变的空档期,给了反对派千载难逢的机会。

回想一下,叙利亚内战开启的时代,当时的德国总理默克尔大手一挥,允许100万叙利亚人到德国避难,多么人道主义。现在默克尔下台两年多,对她政策检讨最多的就是她代表的欧洲没有解决地缘根本问题的魄力,反而选择占领道德制高点,却不知道中东北非的移民会是扰动国内民粹情绪的"搅屎棒"。叙利亚是大国博弈的棋子和棋盘,推倒重来,几十年的游戏平衡被打破了,新的规则到底是有益于中东乃至全球的稳定,还是换了一批玩家,比如土耳其。

多模态意味着在地缘政治领域需要超越简单对错的全新思考。超过1 000天的俄乌冲突,如果能停火,并且能保障乌克兰的安全,乌克兰就可能依照西德模式回归经济发展的轨道。加入欧盟并不容易,但欧盟已经是一个多元大杂烩,与外部的经济合作也会有不同层级,脱欧的英国和欧盟正在谈判的经济合作就有参照意义。停火后的乌克兰,一个比较好的局面是通过与欧盟达成一定程度的经济合作,比如能进入共同市场,推动国内改革与经济发展,期待20年后靠经济实力来吸引东乌克兰的回归,恰如德国的最终统一。

欧洲的发展也正在出现新的不平衡。以波兰为代表的中东欧是经济发展的优等生,经济发展迅速,20年前许多波兰人到英国打工,现在他们都选择返回波兰,因为英国除了伦敦之外,其他地方经济发展远逊于中东欧那些新加入欧盟的国家。

多模态的地缘参与者中最重要的一级是富可敌国的大企业,比如市值在过去 10 年翻了 100 倍的英伟达,AI 时代唯一的"军火商"。当然也包括富可敌国的大亨,比如最有可能成为全球第一个身家超过万亿美元的首富马斯克。探讨大企业和大亨对全球地缘格局的影响,自然延续到第三个绕不过的话题——如何预判特朗普 2.0时代?

三、特朗普 2.0 时代的牌理分析

特朗普的胜利,不仅是马斯克下赌注(all-in)的结果,让他成为全世界最有权势的商人,更是硅谷贝宝帮的胜利。硅谷教父彼得·蒂尔是特朗普第一任期中硅谷唯一公开的支持者,而他的门徒 J.D.万斯成为了特朗普的搭档。

硅谷右倾与 MAGA(特朗普竞选口号"让美国重新伟大",英文Make America Great Again 的缩写)的合流是特朗普 2.0 时代最大的不同,商人主政可能推动一些实质的改革。但也引发一系列质疑,担心会出现另类的"徇私腐败"。库克在特朗普第一任期几乎每周都能通上一次电话,确保苹果在特朗普发动的贸易战中毫发不伤。贝佐斯也因为在第一任期中被特朗普重点打击(特朗普认为亚马逊占了美国邮政低油费的大便宜),吃一堑长一智,今年大选前禁止自己收购的《华盛顿邮报》表态支持任何候选人。

理解特朗普 2.0 时代,需要从三方面来分析:人事、优先事项和特朗普自己的多变性。

如果我们梳理特朗普 2.0 政策的优先事项,基本上涵盖四方面:遣返非法移民;加关税;减税,2025 年特朗普第一任期的给企业和富人所得税减税的方案将要过期,特朗普会为这一减税方案续命,甚至进一步降低企业所得税;瘦身与去监管。

因为拥有国会两院的多数支持,减税大概率能实现。移民和瘦身则是竞选承诺,能兑现多少取决于博弈。最值得我们关注的还是关税政策:关税到底是目的还是手段? 又会给全球经济带来哪些冲击?

理解特朗普 2.0 时代的关税政策,需要从两个层面来分析。一是重要幕僚对美国经济和社会问题的思考,二是类似莱特希泽这样长期从事贸易谈判的实操者的想法。

简单梳理一下,万斯、卢比奥和莱特希泽都是从美国蓝领阶层的视角来看问题,而好的制造业的工作是"美国梦"的基础,它曾经让蓝领阶层得以过上体面的生活,一个人养活一家人,确保家庭的稳定,带来社区的繁荣。相比之下,在当下的美国,没有受过高等教育的人,工作的选择很有限,主要集中在开出最低工资的服务业,需要两个人全职,或者一个人打好几份工(对于单亲家庭而言)才能让一家人温饱。

在他们看来,美国当下的社会问题:单亲家庭、离异、阿片类药物的泛滥、酗酒(蓝领阶层失业之后酗酒乃至肝硬化的比例在过去30年都在激增),都指向两个源头:一个是美国制造业的空心化,二是都市白领知识工作者持有的完全不同的价值观,在全球化精英世界,全球化的好处是非常重要的,而那些受到全球化伤害的人的担忧很遥远,很容易被忽略。

莱特希泽在2023年出版的《没有免费的贸易》(*No Trade is Free*)中明确亮出自己的分析:为什么反对全球化? 为什么要把制造业带回美国?[*]

反对全球化是因为由受过高等教育美国人组成的半个美国,在过去30年的全球化过程中大赚特赚,然而全球主义者所承诺的雨露均沾经济学(trickle-down economics)并没有想象得那么明显,在美国中西部锈带,以及在大城市提供服务工作的人,生活一直在走下坡路。

要把制造业带回美国,也是因为高收入的制造业工作对蓝领工人,不仅仅是保障一家人过上体面的生活,同样重要的是从有意义的工作中获得的个人尊严。莱特希泽明确表示,美国的贸易政策应该围绕着帮助美国劳工阶级家庭,他们需要更好的工作、更强大的家庭以及更安全、更繁荣的社区,因此,创造高薪的制造业岗位成为他们实现重塑家庭和社区进而重塑美国经济的更为宏大的目标的

---

[*] Robert Lighthizer, *No Trade is Free*, Broadside Books, 2023.6.

第一步。

虽然将制造业搬回美国非常难，即使工厂搬回来也很可能以自动化为主，但莱特希泽的思考仍然值得我们深思：关税不是简单的手段或者工具，未来贸易的摩擦也不是简单达成妥协就可以解决。莱特希泽和特朗普年龄相仿，都是二战后婴儿潮的第一代人，他们的思维模式仍然停留在商品贸易阶段，这也是他们为什么那么热衷于简单粗糙的关税的原因。

关税是商品贸易时代最具代表性的墙。智能数字时代/无形经济时代也会有新的墙。当我们要求别人拆除他们的墙的时候，我们又应该怎么审视自己？墙不仅仅能避免敌人的入侵，也很可能画地自牢，而全球化自由贸易之所以能够给全球经济注入动力，很大原因是全球化开放竞争带来的效率和创新。

四、大出海是加速增长的引擎

理解地缘政治的多模态，清楚特朗普 2.0 时代的贸易政策，成为我们分析中国企业大出海的背景。中国企业的成长也需要更好地驾驭出海这一引擎。从出口向大出海的转型，是中国企业的时代命题，既是对地缘政治多模态的主动回应，也是成熟的中国企业谋求新增长的必须：从为全球市场制造，跃进为全球设厂、塑造品牌、本地销售，再进一步跨越到技术输出、标准和规则的制定，并建立全球网络。

举两个有代表性的企业。

2024年是联想以并购IBM的PC业务为代表出海20周年。20年后去复盘这一基于对老牌跨国公司成熟业务并购的全球化之旅，不难发现出海作为加速成长的引擎在两方面的推动力。

首先是人才、制度和管理的迅速国际化，本土管理团队从拉近与全球化团队的距离，到成为全球化团队的一员，再到成长为带有自己文化烙印和商业洞察的全球化团队，并在这一过程中通过借鉴和学习努力搭建成熟跨国公司所需要的品牌、渠道、制度和治理架构，逐渐塑造了一套有本土特色的跨文化、跨区域、跨产业的管理体系。

其次，通过并购出海充分发挥了战略互补性。这种互补性在早期依托的是中国制造的成本优势和规模优势，如果没有中国市场作为基本盘和制造基地，联想也很难将跨国并购盘活，到了后期则成为中国市场中孵化的创新理念和创新产品全球输出的平台。

2024年也是支付宝创建20周年。从最早满足国内电商发展中的创新在线支付工具，到余额宝掀起的小额理财大潮，二维码付款便利各类商家和消费者，再覆盖公共事业缴费、交通出行、医院问诊等一系列公共服务，支付宝作为金融支付和消费者服务的管道工角色不断创新。

支付宝出海选择了一条为合作企业提供新技术和应用场景创新的想象力的途径。比如在印度合作的在线钱包学习了支付宝应用场景，开发出在线买电影票和在线选座功能。共通的技术标准推动了支付的互联互通：在东南亚不同市场之间，使用本地市场的支付App也能在其他市场完成基本的结算。出海最终是要全方位地挖掘全球机会，参与全方位的全球竞争。

相比之下，中国制造出海面临地缘风险最大的恰恰是新三样——电动车、锂电池和光伏。

锂电池是未来储能发展的主要技术，光伏是绿色能源的基础，电动车则是可持续发展的应用。这三者的出海面临的重重困难体现了多模态地缘政治中的矛盾与撕裂。从推动可持续发展的视角来看，便宜的锂电池、光伏和电动车是全球达成零碳目标最重要的手段，可以说没有中国在这些领域的推动，全球应对气候变暖将延宕更长的时间。站在自由贸易的视角，新三样的发展是竞争的产物，欧美不应该用关税壁垒来逃避来自中国的竞争，反而应该通过鼓励中国在本地投资，推动更多技术分享。

多模态地缘政治的复杂恰恰在于后两点。一是对中国产业政策所推动的产能过剩或者补贴的各种指责，虽然在最终消费者看来，过剩或补贴能带来价廉物美的产品，何乐而不为？二是对过分依赖中国制造的担心。在新冠疫情初期出现从口罩到药品原材料供给的瓶颈，到俄乌冲突中暴露出欧洲对俄国天然气的过度依赖，全球化的确开始强调"安全"。

电动车尤其特别值得关注，因为它是三大潮流的结合。这三大潮流分别是中国企业出海、百年汽车产业的颠覆与迭代，以及自动驾驶(软件)与网联带来的机会。多模态的复杂地缘政治加上百年汽车产业迭代带来的巨大冲击,注定了中国 EV 出海无法复刻日韩车企全球化的经历。对中国车企而言,出海不是易事;对欧美,尤其是欧洲市场(美国毕竟有电车鼻祖特斯拉)的政策制定者,如何应对中国 EV 来袭也是两难。到底是选择在高关税保护之下给本土汽车厂商多些喘息的时间,还是直面中国 EV 的竞争,甚至全面学习? 欧洲不可能坐视老牌车企垮掉,毕竟欧洲汽车业雇用了 1 400 万人,占欧洲 GDP 的 7％,但政策制定者和经济学家都很清楚依靠关税壁垒逃避竞争不是长远之计。

反过来,在出海问题中面临的产能过剩问题也需要我们认真对待,因为它是中国经济的结构性挑战之一。

五、理解中国经济的结构性挑战

过度依赖出口和投资、消费不振是中国经济结构化问题老掉牙的问题。产能过剩和国内市场内卷是这一问题的直接体现。显然,我们已经很难再依靠高增长来推迟这一问题的解决。是时候回答两个基本问题:人口结构告诉我们一个什么样的未来? 提振消费需要哪些实质改革?

先来看人口结构,老龄化少子化是一体两面的问题,而且都是加速到来。1963 到 1972 年出生的 2.7 亿人在未来 10 年内陆续退休，而 2024 年新生儿出生人数将跌破 900 万，相比 2017 年的高峰几乎腰斩。仅仅看这些数字，不难令人恐慌。这就需要我们跳出抚养比、社保困境等传统视角去审视问题。

《银发经济：从认知到行动的商业创新路径》给出了另一种视角。首先要正名，强调老龄与老人的区别。老龄的意思是大家普遍年龄增长，退休之后的时间拉长到 20 年甚至更久；老年则是生命的最后阶段，能力大为衰退的阶段。换句话说，老龄化社会并不意味着更多人马上就步入老年，而是进入了"第三人生"。这背后一个很重要的潜台词是全社会健康水平普遍提升，一方面如何让更多六七十岁的老人保持健康，另一方面如何挖掘他们退休之后的新需求。*

其次，银发经济不是养老经济。不要把养老、照顾作为重点，老龄人口中真正需要照顾的很少。相反，银发经济规模庞大。前面提到的 2.7 亿人是一个庞大且不断增长的市场。他们退休后会释放出强大的休闲娱乐的需求。这群人是房地产升值的最大受益者。退休之后，他们可能想要将忙碌的时间补回来。

最后，老龄人口有着巨大的多样性，不能简单地以年龄来划线。这也是老龄化人群与其他年龄段最大的区别：同样都是 65 岁，两个不同的人，他们的健康状况可能很不一样。他们对待退休的态度也可能不同。体力劳动者可能会因为身体状况不如前而希望提早退休，独生子女也可能会因为有年迈的父母需要照顾而希望至少暂时

---

　　* 李佳、王岳：《银发经济：从认知到行动的商业创新路径》，机械工业出版社 2024 年 6 月版。

提前退休。相反,知识工作者可以不断推后自己的退休年龄,或者退而不休。这就需要公共政策有灵活度来适应这种多样性。

《百岁人生》的作者安德鲁·斯科特(Andrew Scott)在新书《长寿的必要性》(*The Longevity Imperative*)中也特别强调,我们要重新定义退休:退休不是一个事件,而是一个拉长了的过程,是一个从全职到兼职转换的过程,而不是简单的结果。这种缓和的过程有助于延长我们每个人的职业生涯,提高每个人的收入,同时也帮助我们活得更健康、更长寿。*

此外,老龄化是每个进入中等收入的国家都需要经历的过程,人口结构都会从金字塔变成 70 岁以下人口每个世代平均分布,抚养比(也就是多少工作的年轻人来支持退休的老人)一路下滑无法避免。这时候,需要推动职业适老化改变,正视职场中的年龄歧视。

因为习惯了经济高速发展,我们会忽略跨世代的团队可能更具备创新性。年轻人富于流体智力,包括信息处理、记忆和演绎推理,这也是 AI 正在快速赶上的领域。年长者更擅长晶体智力,他们的长项是经验(随着时间积累起来的见解)、人际网络、智慧和策略。全新的工作设计,新老结合可以富有成效。

最后回到消费。一个正在形成的共识是消费不振的症结在一次分配,劳动者在一次分配中所得太少,远低于欧美主要国家水平。提高初次分配需要时间,经济放缓时提振经济则需要更为果断的

---

* Andrew Scott, *The Longevity Imperative*: *How to Build a Healthier and More Productive Society to Support Our Longer Lives*, Basic Books, 2024.4.

政策。

《迫降——商业巨头应对经济危机的内幕故事》几乎是以天为单位详细记述了新冠疫情暴发后的 2020 年 3 月到 4 月，美国大公司和大银行领导者如何迅速判断局面，达成共识，推动政府及时推出纾困方案的。*

2020 年 4—6 月，美国政府就通过《工资保护计划》向 500 多万家人数少于 500 人的中小企业发放了 5 250 亿美元的纾困资金，挽救了 1 800 万个职位。与此同时，美联储扩表，首次直接购买评级在 BBB 之上的企业债券，疏通冻结和功能失调的信贷市场，帮助有困难的大企业持续融资挺过难关。

《迫降》的结论很直白：面对危机，政府的应对措施需要在速度和准确度之间做出权衡，快速出台纾困政策是应对危机的关键。欧美把新冠三年视为类似 2008 年全球金融危机的重大危机，政府迅速响应，通过给消费者发钱保证消费，给失业人员发钱保障民生，很快度过了危机，迎来了经济的反弹。

我们的情况要更复杂些，但这并不妨碍我们借鉴别人的经验。

---

* ［美］利兹·霍夫曼：《迫降——商业巨头应对经济危机的内幕故事》，吴文译，中信出版集团 2024 年 7 月版。

上编　管理变革

塑造时代的企业家精神

中国企业面临不少短期的挑战,简言之有三点:经济发展的不确定性、外部环境的不稳定性,以及技术加速变革带来的紧迫感。如果放长眼光,用 10 年甚至更长的时间尺度去思考中国企业尤其是中国制造发展的未来,短期的挑战都可以归结为不确定性,这也是企业发展时刻需要面对的课题。相反,长期转型的挑战却显得更为重要。

长期挑战主要有三点。

第一,企业如何从工业时代向智能数字时代转型?这种转型需要企业内部启动组织变革,尤其是从自上而下的阶层组织向更快响应市场的敏捷组织的变化,充分利用数字工具与消费者产生深度连接,在快速变化的世界能够主动求变而不是消极应变。在这一过程中,有两条思考路径,一边是如何避免企业出现僵化和大企业病,另一边则是如何激活企业内部的持续创新。

第二,中国制造需要进行什么样的转变?面对日益内卷的国内市场和地缘政治风云变幻的海外市场,中国制造都需要突破。

第三,如何弘扬与传承企业家精神?当下需要拥抱企业家精神。

无他,无论是经济恢复活力,还是推动创新创业,都需要敢于冒险、勇于任事的企业家。企业家精神是一个时代充满活力的精神,也是解决问题、创造财富、推动进步的精神。经历 40 余年的发展,中国第一代企业家也到了交班和传承的时候,同样,中国市场也积累足够丰富的创业土壤,让更多有想法的人能够有所建树。

为了梳理这个题目,我与海尔集团创始人张瑞敏(他的新书《永恒的活火》* 凝聚了他过去近 20 年对企业管理的思考),《企业家——对价值的不懈追求》** 的作者、普林斯顿大学创新教授德里克·利多(Derek Lidow),《高效能领导的五个角色》*** 的作者、彼得·德鲁克全球论坛前主席爱德华多·布朗(Eduardo Brown),以及《屏之物联》**** 的作者之一、京东方的研究者王玥做了深入沟通。

切实践行以人为本

很多人以为企业家精神就是寄希望于时代多出现几位乔布斯、马斯克这样的企业大英雄,打造万亿美元的大企业,推动技术进步

---

* 张瑞敏:《永恒的活火》,中国财政经济出版社 2023 年 12 月版。

** [美]德里克·利多:《企业家——对价值的不懈追求》,王淑花、侍怡君译,中译出版社 2023 年 11 月版。

*** [美]爱德华多·布朗:《高效能领导的五个角色》,姜忠伟译,中信出版集团 2023 年 1 月版。

**** 王玥、姜蓉:《屏之物联》,中信出版社 2023 年 11 月版。

与发展。套用马斯克的"雨林法则",创新与创业需要不断打破在位巨头的垄断,让更多中小企业能够破土而出,真正有效的企业家精神是赋能每一个有想法的人。换句话说,这个时代企业家精神的核心是"以人为本",几乎成了中外管理者的共识。

布朗认为,领导力架构的基石是以人为本。到底什么是以人为本? 就是深刻意识到人与人是不同的,与可以标准化不断优化的流程相比,人是多样化的,千差万别的,有着各种不同想法,也能绽放出超乎寻常的创造力。

这个时代最主要的变化是从大规模工业化生产向小众定制、千人千面、挖掘应用场景、变产品为服务的一系列转变。大规模工业化生产强调的是令行禁止的执行力,小众定制则要求与用户深度连接,鼓励多样性,打破企业的边界,快速响应,在这一过程中也会产生众多新机会。

工业时代的管理方式习惯自上而下,强调管理,形成一套科层制的经理人体系。利多特别指出经理人与企业家的区别:经理人有老板,企业家没有老板,可以更好地去完成自己希望完成的事业。此外,经理人很可能在追求规避风险情况下的利益最大化,与企业家所追求的拥抱风险、创造价值,有着本质的区别。

从工业经济向智能数字时代的转变,为什么强调以人为本? 因为创新需要发挥人的自主性和自驱力,解放人,则人人都能成为企业家。

利多强调,企业家精神的核心是自主性,是不听命于别人,致力于自己想法和价值的实现,是不断去冒险,尝试新的东西。我们需要的是普遍的企业家精神,而不是英雄人物的企业家精神。不是世上多几个马斯克就好了,恰恰相反,我们需要的是全民都有企业家精神。张瑞敏同样说,企业家的价值就是让每个人都成为自己的CEO,让每个人都可以把自己的价值、能力发挥到极致,创造一种让每个人都可以成为企业家的机制和氛围。

这种"以人为本"的定义与海尔在 2005 年就开始提出的"人单合一"概念高度契合。整体而言,海尔的创新与迭代既是一种组织再造的实践,也是一种解放生产力的伟大尝试。它契合一系列的变化:从制造为中心向以客户为中心的改变,从规模化制造到规模化创新的转变,从有限游戏向无限游戏的转变,以及体验经济的兴起,背后还有物联网、人工智能带来的巨大推动力。这一系列管理实践都围绕着"以人为本",落脚点是通过自学习、自激励,让每个人都成为企业家。

简单梳理一下,无论创客创业还是在企业内部鼓励创新,以人为本焕发企业家精神涵盖的五大要素。

第一,创客/企业家需要自己挖掘资源,自己承担风险,不断迭代。

自主性是企业家精神的第一要义。创客/企业家需要在创业的过程中自己挖掘资源,自己承担风险,这样才能在有很强的自驱力的同时也有很强的动力去管理风险,去不断求变,因为他们必须清楚如果失败了,就可能一无所有。风险管理意味着持续迭代。人单合一强调与用户融合,把用户的需求作为自己的机会、自己的挑战,这需要创业者动态地发现问题、解决问题、不断调整。

张瑞敏举了小帅科技例子。公司的创始人与另外两位一起创业的同事一开始定的方向是为酒店提供影视屏,为了创业全都抵押了房子。但在疫情期间,如果自己制造,就可能面临很大的风险,逼着他们转变发展方向,从酒店影视屏的硬件生产转向酒店提供解决方案。由小帅科技来制定标准,让硬件商按照标准为酒店提供影视屏,从产品向服务的转型让小帅科技找到了真正的增长点。

第二,自我组合,以吸引人才为要务,成功之后要践行增值分享。

利多对企业家的一个定义是:能吸引他人为其创新提供有价值的回报。企业家的行为是一种组织行为,核心是加杠杆,无论是调用资源和资金的能力,还是吸引或者激励一群人帮助他们完成目标。换句话说,无论是内部还是外部创业,能吸引到人才是创业者的第一要务。海尔在鼓励内部创业的时候,特别关注一些创业项目做不起来,是不是吸引不到更好的人才,会追问:一个创业者、一个创业项目为什么没有吸引力?

吸引人才需要有合适的激励,海尔强调的抓手是"增值分享",将成功之后获得的增值收益与团队分享。

第三,每一个岗位都要以增值作为考核。

实践增值分享意味着无论是创新企业,还是大企业,都需要对每一个岗位以增值为考核目标。这也是全新组织发挥每个人创造性的实践。负责研发、市场、销售的员工,是否创造价值比较容易考核,企业的中后台同样需要被激励,绽放自主性。

海尔就提出,过去人力资源或者财务等职能部门是推动企业成长的部门,现在要变成推动企业进化的部门。成长的管理是事后管理,比如会计报表都是对过去业绩的记录和分析;推动进化则需要每个人都及时参与,在现在时中解决问题,理解动态的变化。

以人力资源为例,一个在组织中推动增值的人力主管,如果项目需要招人,他的工作不是去找猎头公司,而是进一步思考组织为什么没有吸引来合适的人才。同样,一个负责质量管理的员工,原先的考核产品质量是否达标,制定标准后,达标就拿奖金,不达标就跟着罚钱。但如果按照增值分享的逻辑,质量管理的工作必须体现出增值来,在质量标准确定之后,只有后续不断想办法推动质量提升,才能拿到奖励。

第四,每一项工作都要有最终责任人。

以人为本,也有助于应对"大企业病"。大企业病一个很明显的病灶就是很多问题并没有一个具体的人负责。这也是为什么马斯克强调,在创新过程中,如果有人说有规定不能这么做,就不仅要找出具体的规定,还要找出制定规定的具体的人,讨论为什么当时制定这项规定。不然,随着企业的发展,各种规定都可能变得束缚企业的发展,或者成为不愿冒险,不愿承担责任者的挡箭牌。

海尔收购通用电气(GE)的家电业务,发现其大企业病体现在科层制划分得非常细,反而没人具体负责。比如并购完成之后,通用家电管理层请求推进并购前向总部提出并已批复的投资 10 亿美元设备更新项目。按照之前的流程，家电业务的管理层已经提交投资报告，并获得 GE 总部的批准，而总部当时也并没要求必须产生相应的效益。

张瑞敏在回复中按照"人单合一"的原则提出了两个问题：第一，要投资没问题，但是要保证产生相应的效益；第二，谁对投资负责？有人负责之后，如果后续产生效益，可以得到相应的利益分享（当然，如果无法产生相应的效益，也需要担责）。家电业务的管理层很快反馈说并不需要如此巨额的投资，可以采购另一种（更便宜的）设备。一旦与管理层的自身利益挂钩，需要他们对最终产生的价值负责，马上就能改变管理层的行为。

第五，以人为本的核心，需要企业家变管控为放权。

张瑞敏指出，企业家角色的转变，核心就在于改变 CEO 的认知：到底应该控制员工，还是让他们自主发展。他认为，放权要下放决策权、薪酬权、用人权，鼓励创客自运转、自裂变、自迭代。利多也强调，以前的领导者会创造追随者，现在的领导者会创造新的领导者，只有这样，才能真正推动良性循环。

这也是企业应对快速变化世界的必须。人工智能所驱动的市场变化无法依靠陈旧僵化的阶层组织来适应。众人的智慧，海量小团队对市场的理解、适应和创新所产生的智慧，强于英雄企业家个人的判断力。这也是为什么改变企业的组织、变管控为激发、变执行为帮助每个人成功的平台那么重要。

推动"从大米到寿司"的中国制造战略转型

中国企业,尤其是中国制造型企业,不仅要拥抱"以人为本"的转型,也需要思考突破"内卷外险"的战略转型。

凯文·凯利(Kevin Kelly)在《技术元素》中说:"所有的公司难逃一死,所有的城市都近乎不朽。"*传统意义上,企业与城市最大的区别在于,企业是成长,城市则在进化。企业如果成长,就避免不了生老病死。因为,城市就好像一种生态,不断适应新环境而改变,才能历久弥新。如果能把企业做成一种生态,就找到了基业长青的抓手。

张瑞敏认为,企业家放权只是结果,本质上来说是必须把企业变成一种生态。创造生态,就需要打破企业的边界,不断开放,吸引更多创新者加入。而创造生态的核心是与客户产生连接。

工业时代的企业,无论中外都是只有顾客没有用户,只有交易,产品卖掉了就行了,至于顾客的体验是什么,不知道也不管。工业时代品牌的核心价值是零缺陷,丰田作业法和六西格玛的实践保证了质量的稳步提升。电商时代的品牌价值是平台的价值,强调零延误,及时满足需求,制造企业无法与最终用户产生连接,很容易成为价格战的牺牲品。张瑞敏认为,未来能给中国企业带来的机遇是构

---

* 〔美〕凯文·凯利:《技术元素》,张行舟、余倩等译,电子工业出版社2012年7月版。

建生态品牌,生态品牌的核心是零距离,不仅与最终用户产生连接,而且这种连接紧密到零距离。

这种构建生态的思路,为中国制造的战略转型提出三方面思考点。

第一,变交易为体验,强化与用户的连接。

体验经济的创始人经济学家约瑟夫·派恩(Joseph Pine)说,硬件是有形的,软件是无形的,而体验是令人难忘的。强调零距离,强化与用户的连接,变交易为体验,基于两大认知:未来企业的价值正在从有形资产向无形资产转变(用户的体验与认知将超越产品本身的价值),未来商业也将从有限游戏向无限游戏跨越(交易是有限游戏,倾听用户、不断迭代的体验则是无限游戏,无限游戏所产生的信任拥有巨大价值)。

虽然电商脱媒,消灭了中间商,但制造企业与最终用户之间的联系并没有建立起来。在智能数字时代,这种联系特别重要。零距离要求企业与最终用户之间没有距离,打破边界,让用户参与到产品与体验的共创中来。

全球显示器龙头京东方的整体发展战略也是“零距离”,拥抱用户和场景,推动“从大米到寿司”的战略转型。“从大米到寿司”是非常形象的比喻,体现了两重跃升。第一重是从产品提供商到场景服务的跃升;第二重是在为用户提供服务的场景中获取巨大的增值。

“从大米到寿司”也契合连接用户、制造场景、满足需求的跃升。以屏幕为例,京东方不满足只是手机、平板、电视、车内和户外屏幕的供应商,更希望在丰富的消费者场景中理解消费者需求,挖掘未来应用的成长点。比如,京东方选择自己开医院,就是希望从用户视角去深刻理解屏幕作为病人的触点,到底在求医问诊的过程中如何发挥作用,挖掘可以改善和创新的流程节点。

第二,从内卷的价格战转向服务的边际效益递增,发挥生态的网络效应,未来方向是可搜索的物联网,让生态企业都能从中受益。

电商时代追求极致的性价比会遏制创新的空间,中国制造未来发展必须改换赛道,规避产品维度的同质化价格竞争,这也是为什么企业一定要与最终用户产生数字连接,因为用户的参与和反馈对于未来的产品乃至用户场景创新至关重要。

海尔构建生态品牌,就是希望走出内卷的价格战,转向服务的边际效益递增,发挥生态的网络效应。互联网时代的网络效应很容易理解,作为一个平台的企业,如果加入这个平台的人越多,每个人的边际成本就越低,而收获的边际效益就越高。加入微信的人越多,每个人能产生的联系也越多,微信对于新加入者的效用就越高。物联网时代的生态企业,同样拥有网络效应,加入生态的企业越多,吸引的消费者参与越丰富,对于消费者和制造企业而言,效益都会增加,即随着网络的扩大,边际效益递增。

张瑞敏认为,终极目标是构建可搜索的物联网新引擎。互联网时代,搜索引擎拉动全球的平台经济,比如电商平台,其优势主要是两点:取消中间商带来的便宜,以及移动互联网随时随地下单、加快速配送带来的便捷。物联网的新引擎一边连接着用户多样化的需求,另一边则是对应各种用户使用的场景。和互联网一样,物联网也将可以搜索,既可以搜索用户的需求,也可以搜索相应的场景。而场景,就是超乎具体产品,由多种产品和服务组合起来的针对用户需求的解决方案,用户愿意为此和后续可以不断迭代升级的服务支付溢价。

可搜索的物联网新引擎能让所有厂家都能从场景中得到新的持续的收益,让所有用户得到前所未有的体验,在满足用户的过程中达成厂商与用户的双赢。

第三,中国制造的未来需要有战略思考力,需要有"站在月球看地球"的视野,也需要从品牌商和代工商二元分野中走出第三条道路。

过去制造型企业的全球化无非两条道路,要么成为世界名牌,要么成为世界名牌代工厂。英美日本的大型制造企业走品牌道路,到中国和东南亚代工,构建起巨大的规模经济。如果没有网络时代,这种模式可能还可以继续,但是网络时代打破了原有的格局,变成了"用户第一",如果不创造独特的用户体验,一切都无从谈起。

中国作为一个巨大消费市场,过去10年不断涌现出来的场景和应用创新,应该成为中国制造"用户为先"的优势源泉。从京东方身上,我们可以看到中国作为一个巨大消费市场所带来的塑造力。从追赶到超越的过程,它之所以能找到正确的技术路线,一个很大的优势是基于中国海量消费市场洞察所形成的对技术路线的判断。同样,希音(Shein)与泰穆(Temu)能在海外电商市场降维打击,背后是理解用户持续场景创新的积累。

重新定义企业家

企业家精神是一种原始驱动力,激发了社会中某些个体的创造力和冒险精神,使其愿意投入大量时间和精力去为他人提供产品和服务。企业家精神也是塑造社会运作方式和消费行为的力量。企业家为了提高自己的生活水平而努力工作,提供了更多可供选择的商品和服务,同时也提高了其他人的生活水平。创业带来的一个重要副产品是,它通过激发客户欲望和消费行为,而不是通过物理力量或强制手段促使客户发生改变。

利多总结了企业家在社会中发挥的几大作用。

第一,如果没有企业家,世界将变得贫困落后,贸易会受很大限制;科学也许会存在,但技术进步可能遭遇瓶颈。

第二,创业者以身试验,经理人则效仿其成功之举。创业者推动社会变革的力量是无可比拟的。企业家为社会成员提供现有权力结构不愿提供或无法提供的产品和服务。

第三,在文化方面,企业家制定了许多社会规范,创造了新行为。

第四,了解企业家过去的成就及其实现方式,有助于深刻了解那些推动人独立行动、承受损失风险、表现出众的原始动力。

我想,在充满不确定的时代,无论是公共治理还是社会发展,都要理解"以人为本"这个核心的理念。从"以人为本"出发,就能极大地拓展企业家的边界。企业家并不是一小群人,不仅仅是资本家,并不是一群唯利是图的人,并不仅仅是因为利益驱使而冒险的一群人。广义的企业家涵盖了更多人,这群人由好奇心驱动,希望带来改变,智能数字时代的各种工具让小众的想法也能与更多人产生连接,在这一过程中,他们一方面挖掘市场的机会,解决问题,另一方面也有机会将突发奇想转变成新的场景中的新的体验。

在这一基础上,我们需要对创新和创业的企业家有全新的定义:

第一,未来千万个小企业家的工作不再是令行禁止,而是充分发挥自己的自主性和创造力,每个人都是自我驱动的创造者。

第二,组织的边界将变得日益模糊,变成强化人与人的连接,鼓励更多人围绕一个共同的目标努力的机制。

第三,全社会也需要改变,变增长为生态,改变简单的以GDP为纲的发展理念,推动各种自组织与合作创新的土壤出现。

第四,需要走出过去的路径依赖,走出线性思维,理解复杂系统的进化,理解无形资产的重要性。当走出有限游戏的"零和博弈"、迈向"无限游戏"的多赢格局的时候,我们也会更清晰地理解创新与企业家精神的多元驱动。赚钱获利仍将是最主要的驱动力,但实现理想与抱负,解决现实问题和探究长远议题(比如气候变暖),都将成为重要的驱动力。

基于这些理解,整个社会需要对组织的演变达成新的共识,理解未来组织的目标很朴素也很简单,就是解放人,发挥创造力,创造更美好的体验,让更多人过上更好的生活。

怎么成大事？

去过悉尼的人几乎没有人会不去悉尼歌剧院。不为人知的是，它的设计者约恩·乌松（Jorn Utzon）不仅没有见过建成的歌剧院，中途离开项目之后，一辈子再也没有踏上澳大利亚的土地，但这并不妨碍悉尼歌剧院在乌松有生之年被评为世界文化遗产。

悉尼歌剧院的招标过程背后首先是一项政治操作。新南威尔士州的老迈州长卡希尔罹患癌症，来日无多，突然心血来潮，关注起自己的政治遗产来。他认为自己在任期间为州制定的发展政策不足以彰显自己的遗产，需要一座有型的"纪念碑"，所以当修建悉尼歌剧院的想法被提出来之后，他就特别上心，恨不得立刻动工。

1957年歌剧院设计招标，名不见经传的设计师乌松因为设计理念大胆前卫，吸引了众多评审的眼光，虽然稿件仍然停留在愿景层面，还是得到了一致好评。但问题来了，因为设计稿过于抽象，在材料、工艺和成本核算等方面都没有详细的规划，立马开始建设，就必须一路解决问题。

州长钻了这个空子，选择了一个并不成熟但收到评审一致好评的设计，又让评审预估了较低的成本（因为缺乏详细规划，各种成本的预测都可以操控),推动执政的工党同僚首肯这一计划,然后立马开工。不到一年之后,工程就遇到问题,乌松花了很多时间才找到解决方案,这也意味着之前完成的不少部分都需要拆掉重来。老州长这时候早已长眠地下,烂摊子留给后人收拾。

因为没有详尽的规划,问题一个接一个出现,结果是开支严重超出预算,项目受到多方质疑。等到 14 年后的 1973 年,英国女王伊丽莎白二世为悉尼歌剧院揭幕的时候,乌松并没有参加。他在工程进展到一半的时候就"灰溜溜"地离开了,而且是带着家人在最后一分钟登机,就是为了避开媒体的镁光灯。

建成后的悉尼歌剧院很快成为全世界的新地标,2007 年更成为首座设计师还在世就被联合国教科文组织确认为世界文化遗产的建筑,但乌松直到 2008 年去世都没有再踏上澳大利亚土地,遑论亲眼看一看、摸一摸自己的杰作。此外,悉尼歌剧院虽然外观特别,但是作为歌剧院在声学效果上却是不合格的,原因还是乌松在超前设计中根本没有做细节的打磨。

从悉尼歌剧院的案例中,我们能读出新书《怎样做成大事》*对一个典型预算超标的大型项目的梳理。

首先,项目在招标阶段十分草率,为追求眼球效应选择了前卫的设计,却不知道这样的前卫设计会给工程建筑带来怎样的困难。和许多大型建筑项目一样,悉尼歌剧院也是政客的宠物计划(pet

---

*　[丹]傅以斌、[美]丹·加德纳:《怎样做成大事》,贾拥民译,浙江科学技术出版社 2024 年 4 月版。

project），衡量其价值的只是能否让老州长留下名垂青史的遗产，至于预算超标、建设困难，根本不在政客的考虑范围内。

其次，大项目往往是非标品，缺乏好的参照系，如果从推动项目按计划实施的角度来看，早有先例可循的设计无论是成本控制还是建筑进度都能够有所保证。

最后，乌松的遭遇足以写成一部当代歌剧。他只是一位天分奇高、想法前卫的设计师，并不知道要真正推动项目的落实，建筑师其实需要"讲政治"。他们需要知道谁有权力、谁没有；项目中会牵扯到谁的利益？他们也需要有手腕，懂得如何吸引并留住你需要的人，也有能力知道如何保持对设计的控制。很可惜，这些乌松都没有，所以才落得个半路被扫地出门的窘境。

《怎样做成大事》提出一个非常重要的题目：为什么许多大项目，无论是铁路、桥梁、隧道、体育馆，太空望远镜，或者奥运会，以及复杂重要的 IT 项目都很可能超预算或者延迟交付？换句话说，为什么许多项目完成之后与开工前的承诺差距非常大？

大项目匆忙上马、超预算背后的两大原因

答案很简单，因为两方面的原因。

第一个主要原因，项目越大，政治影响的因素就越多，在权力的角力过程中，战略误导（strategic misrepresentation）成为一种常态，无

论是现实中的政客还是企业中的管理者，为了让项目能够立项，为了让自己能够受益——很多时候立项了就能受益——在项目预估的时候给出过于乐观的预测很正常。

类似的例子很多。为了让 1976 年的奥运会能够在蒙特利尔举行，该市的市长让·德拉珀(Jean Drapeau)不惜说出这样的大话："预算不会超，就好像男人不可能生孩子一样。"最终奥运会结束，预算超了 700% 以上，当地报纸画了一幅德拉珀(男性)怀孕待产的漫画。德拉珀却满不在乎，功成名就，不待选民投票，自己就光荣退休了。因为兴建各项体育馆开支甚大，主场馆建造过程困难重重，很多工程一直拖到到奥运闭幕后十多年后才完工，蒙特利尔市政府多年来债台高筑，总共有 10 亿美元的债务直到 30 年后的 2006 年 11 月才还清，蒙特利尔奥运会成为现代奥运会历史上亏损最严重的一次。

对于蒙特利尔奥运会的教训，愤世嫉俗的政客会对新手说，千万不要太天真，所有大项目一开始的预算都只能当作预付款，后续总是要增加款项的。

第二个主要原因是，越是大的项目，计划、研究、讨论的时间常常越短，经常是一把手拍板了就上马。《思考，快与慢》的作者、诺奖得主、心理经济学家丹尼尔·卡尼曼(Daniel Kahneman)对此有深入研究。他提出人们思考的时候会运用系统一与系统二，前者依靠直觉，快速决策，后者则细思慢想。问题恰恰出在这里，很多领导者在作出大决定的时候，并不会花上太多的时间，很可能利用系统一，按照自己的直觉来作决策，而且一旦决定了也不会再花时间思考，原本应该仔细思考、权衡各种可能选项的流程变成了拍板会。*

当年五角大楼的决策流程就是如此。时光回到 1941 年夏天，美国是唯一还没有加入第二次世界大战的大国，但罗斯福总统已经做好准备，整饬装备扩军，增加的人员和事务需要军方在首都华盛顿建立一个统一指挥的总部，军队后勤部的一位将军就拍板决定，要下属在河对岸弗吉尼亚州找块地方建总部。这位将军以雷厉风行、能成事闻名，周五下命令，周一就要结果。

属下只能忙着找地方。一开始是河对岸废弃的飞机场，但发现属于湿地，不合适建筑大楼。后来又在阿林顿公墓旁边找了一块农场地，地块不规则，被 5 条大路包裹着，设计图纸也只能因陋就简。如此将军拿着报告跟陆军部长沟通之后，直接递交给罗斯福总统首肯，一周内就准备开工了。

如果没有后续其他人的参与，或许五角大楼就会成为美国首都最丑陋的政府建筑。有趣的是，后来缜密选择的地块也有 5 条路包围着。

慢思，快干，十年磨一剑

整体而言，大项目如何完成，需要避免政治上的各种算计，也要

---

* ［美］丹尼尔·卡尼曼：《思考，快与慢》，李爱民、何梦莹、胡晓姣译，中信出版集团 2012 年 7 月版。

避免心理上的错觉,最好的办法就是初期时详细规划,实施的时候雷厉风行。

林肯曾经说过,如果有 5 分钟时间砍倒一棵树,他至少会花 3 分钟磨斧头。大项目做好细致的准备非常重要。准备是安全港,花再多时间去琢磨都不为过,但实施却是穿过风暴渡海而行,风险巨大,不确定性激增。

其实不仅是大型建筑,无形的项目,比如一部大制作的电影,一部电视剧,甚至一个重要的创业项目,都需要充分的准备,这也是为什么为了拍摄《繁花》,王家卫要十年磨一剑的原因。

皮克斯动画工作室(Pixar Animation Studios)就特别看重准备。为了筹备一部动画片,工作室一般会动用一名导演加 5—8 名插画师,为一部 90 分钟的影片制作 2 700 多张镜头脚本的故事板(story-board),每张讲述大约两秒钟的故事,再加上由员工念的对白和简单的音效。

虽然不断修改剧本花费时间和精力,但相比真正制作动画,准备的成本仍然很小,而且可以让外部人士直观地感受到片子想要呈现的故事和剧情演进,并据此给出反馈。

迭代是关键词。故事板呈现的情节可以在吸纳反馈之后不断修改,不断试验,也让项目的各个方面,从大脉络到局部细节都可以被检验。

准备充分,意味着在实施时需要临时考虑的问题要少得多。当然,细致准备也会避免人们常常犯厕所实验的错。所谓厕所实验,就是为了让人知道自己其实对很多东西都是一知半解,却以为自己知道。比如,如果让你解释抽水马桶的工作原理,或者自行车骑行背后的科学道理,很多人是知其然,不知其所以然。

详细规划,哪怕多花点时间都没问题,这样可以权衡各方面的意见,也不给决策者投机的机会。如果重大项目讨论时间短,开弓没有回头箭,就会让他们的想法能够得逞。执行的时候雷厉风行则完全不同,同样需要的是减少可能出幺蛾子事件的时间窗口。"计划赶不上变化"就是这个意思。一个项目拖得时间越长,不可控因素发生的概率就越大,项目拖延,遇到阻碍,资金链断裂等一系列问题都会给项目的完工造成影响。

项目规划需要找到现实中的参照系

复杂大项目很多时候被认为是独一无二的,根本没有参照系,也因此无法做好准备和规划。其实,并不是每个项目都是独一无二的,想要做好规划,做好预测,找到现实世界的锚点很重要。

卡尼曼在《思考,快与慢》中特别提到了参照系(reference class)这个概念,就是要针对每个人生活中认为自己的项目是独一无二的,或者预估未来工作的时候出现锚定错误的问题。

卡尼曼强调,需要用参照系来替代个人的主观估计。参照系嵌入了现实世界各种真实案例、有数据和证据的支撑。在这些现实项目的进展中,可能遇到这样那样的问题,出现超出预算或者交付推迟的情况,值得借鉴。

当然,选择合适的参照系也很重要。比如,一位记者觉得自己可以一年之内写完一名纽约政客的传记,他选择参照系是自己作为调查记者的经验:一个月写出一篇深度报道——相当于一本书的一个章节——很常见,一年写完 12 个章节不就成为一本书了吗? 但是,他并没有向同行求教。直到写书写到第五个年头,他不得不到一家纽约图书馆借一间免费的办公室写书,和其他作者交流沟通,才清楚地意识到,花上六七年甚至十几年写一本书很正常(《奥本海默》写了 25 年)。同行交流帮助他形成了正确的参照系。

参照系是非常好的概念,但在现实中最难获得的是真实世界的数据,一方面项目完成后,大多数人愿意向前看,而不是整理过往的数据,数据搜集和保留都成问题,另一方面当然是因为很多人不希望这些数据——尤其是项目建设过程中发生的意外和超支——被外人看见,怕丢面子。当然,很多人不愿意采用外部真实世界的数据也是因为主观的预测往往偏向乐观,可以压低成本,目的就是让项目能够立项上马。

参照系还体现了兼顾外部视角与内部视角的重要性。外部视角可以看到整体、看到群体、看到真实的世界,内部视角则见树不见林。尽可能多地把类似案例放在一起,才能给出有效的参照系。

此外,理解这些案例的分布状况也很重要。有些时候案例呈现出正态分布,这时取均值就可以作为锚定点。但有些时候却是肥尾分布的,这时就需要非常小心,因为肥尾意味着异常点很多,比如蒙特利尔奥运会的实际花销是预算的七倍,高得离谱。这时候需要两步走,剔除肥尾之外的情况算出平均数作为起步的参照系,同时对可能出现的异常现象做好预案。

经验是工具的固化

其实第二次世界大战之后的奥运会,除了1984年洛杉矶奥运会有所盈余,几乎每一场都会预算超标,很多时候成本成倍增加,让主办城市背负沉重的债务,也让奥运场馆最终沦为极其昂贵的废墟,比如说雅典。原因除了大型项目背后总是充满了政治的算计,决策者在评估项目的时候总是会低估预算和建设时间来赢得许可之外,同样重要的原因是标新立异。而标新立异恰恰忽略了经验的视角。

什么是经验的视角?帝国大厦就是一个非常好的案例。虽然帝国大厦一度是全世界最高的摩天大楼,但它并没有为了争得第一在建设时冒冒失失地选择新技术。相反,建设帝国大厦使用的技术和工程队此前都有建造高楼的经验。当时有一种说法,说帝国大厦的建造是一条垂直的流水线,区别在于流水线在运动,而成品保持不动,很好捕捉了采用成熟技术、模块化建设的特点。

复杂大项目为什么要选用成熟的技术,而不是前沿的技术?因为成熟的技术可控,风险小。同样,成熟的设计、模块化可复制的设计也是如此。在大多数情况下,大项目不应追求第一,即最大、最长、最高。第一是探路者,没有经验可循,未知的风险不可控。此外,大项目也需要找有经验的团队来操刀,不要让自己的项目成为一帮雄心勃勃的人的小白鼠。

反观奥运会,则几乎违背了上述的每一条经验。

操办奥运会的人都是新手,这与奥委会的选择有关。如果要让奥运会不给举办城市带来债务风险,最好的办法就是选定在一个城市持续举办奥运会,这样不仅场馆每四年就能重复利用,而且还可能不断传承举办大型体育盛会的组织经验,事半功倍,而不用每次都由新手操盘,面临陡峭的学习曲线。

但奥运会首先是讲政治和讲收入的,奥委会当然希望有城市会竞争,各大城市的决策者也希望奥运能够提升城市名片,令自己功成名就。至于操办奥运会的经验云云,当然不能指望一家奥运承办公司能够在全球各国操办活动。每个举办国中奥运相关的基建,肯定是偏向本国人,希望创造本土就业,不会选择一家全球知名的奥运承办公司。

从经验的视角来审视奥运会,无论是兴建场馆还是举办大会,每四年换一波新人,没有经验的传承,是现代奥运会每每超出预算的主要原因。每一届奥运会都希望惊艳全球,新建的奥运场馆自然标新立异,不会选择成熟的模型。这对前卫的设计师是巨大的商业机会,但对有效管理项目,无疑是灾难性的。

理解经验的重要性,需要我们重构经验的概念。

首先,工具是经验的固化。好用的工具,从设计到使用场景,背后都是经验总结而成,使用一个成熟的工具,就是好的经验在赋能。如果意识不到经验的价值,冒冒失失去做小白鼠,使用尚未经受检验的工具,就是在无味地冒险。

在一般人的认知中,只有人是可能缺乏经验,技术不可能缺乏经验。其实不然,一项新技术,同样需要不断地磨合和改进。做第一个吃螃蟹的人,采用新技术,其实和雇用一群新手来做事没什么区别。

其次,经验具备无形资产的价值,不可言说,没办法用语言表达出来。换句话说,许多人懂得比自己能够表达出来的意思更多。在大模型时代,AI 可以将许多人类表达出来的成形的东西变成自己训练的数据,但对于那些埋藏在人脑中的不可言传的经验,却可能(暂时)无能为力。这种软实力需要在实操中不断积累、交流和沉淀。而只做一次的项目,自然无法积累多少经验,也没有什么传承可言。

最后,再进一步讲,在"人+机器"的时代,经验的价值恰恰是如何与人打交道,如何审时度势,如何理解做事的环境。比如要推进一个大项目,建筑师/设计师如果只拥有技术才能,往往是不够的,懂得与决策者打交道、了解他们的需求,是好项目开启的第一步。

为什么忙是新的蠢？

1466 年,雕塑家阿古斯鼎诺为佛罗伦萨大教堂雕刻大卫雕像,在大理石上只标示出雕塑的腿、脚和衣服褶皱的大概轮廓。接下来的 25 年,大理石被荒废着,直到米开朗基罗接手。不久谣言开始流传,说米开朗基罗进展甚微,会连续几个小时盯着大理石,什么都不做。有朋友问他,你在做什么？他只是简单回答,我在工作。多年后,在大理石块已经变身为大卫的伟大雕像后,他才说,我看到了大理石中被禁锢的天使,于是一直在雕刻,直到放他自由。

艺术家和匠人不同,这一点大多数人不一定清楚。匠人需要不停的劳作才能完成一批又一批作品,艺术家却需要等到灵感喷涌而出的那一刻才能创造出佳作。换句话说,衡量艺术家,并不需要监测他每天都在做什么,灵感的捕捉与积累,很难用惯常的方法来衡量。只有最终作品才能衡量艺术家成就。

米开朗基罗的遭遇恰恰是今天的知识工作者面临的挑战。知识工作者包括艺术家、作家、教授、专业人士,也包括企业家。他们的工作有三个特点:非标准化,需要极大的创造性;经常要解答复杂未知问题;很多时候思考重于行动。问题是,针对米开朗基罗的偏见如今也很普及,如果一个知识工作者无法对外展示他在做些什么,就会有人质疑,你在干什么? 言下之意,是不是在偷懒?

知识工作者应该学习米开朗基罗,不在意别人的眼光,专注于自己的创作。但事实上现代的知识工作者很难这么做。更多人选择与管理者共谋,让虚假工作(psydo work)变得风靡一时,其结果是日常工作时间常常被各种关于工作的表现和沟通充满,真正的工作反而没时间做了,一天到晚忙得要死,效率反而不高,思考和充电的时间一点都没有,更不用说宏大一点的创意了。

针对这一困境,新书《慢的效率》(*Slow Productivity*)旗帜鲜明地亮出观点:慢下来。* 这其实也是越来越多人的共识。盖茨去年的一句话火了:忙是新的蠢。很多人可能觉得很刺耳。不忙能行么? 其实我几年前也说过类似的一句话:慢是新的快。意思一样。终日忙忙碌碌,结果很可能是成就有限。在剧变的时代,与其把自己的工作时间填满,不如有张有弛,一方面许多工作需要深入的思考,另一方面也需要留给自己充电和休整的时间。

在《生活中的情绪心理学:来自内心深处的福流》中,彭凯平教授强调宁静的力量。他援引美国学者皮科·伊耶(Pico Iyer)的话说:"每个人在骨子里,其实都需要一个留白空间,一个停顿,就像一段音乐,正是有了休止符,才能让人产生共鸣。"中国山水画喜欢留

---

* Cal Newport, *Slow Productivity*: *The Lost Art of Accomplishment without Burnout*, Portfolio, 2024.3.

白,因为它带来意境,创造想象的空间。*

慢,享受心灵的宁静,给忙碌的生活留白,有更深层次的意思,那就是能跳出局部和细节的当下,让我们有机会看到更大的格局,有机会思考长远,因为当我们平静的时候,我们的注意力会变得更开阔,更深邃。

《慢的效率》给出了"慢工出细活"的三点建议:做事要做减法、做事节奏遵循"自然"节奏、专注质量。虽然中外企业管理文化还是有差异,每一点都有不少实用的小贴士值得我们思考。

做减法

工作和生活中无处不存在取舍,懂得放弃,懂得做减法,才能抓住工作的要点,专注于真正带来成功的工作。忙碌很可能没有喘息和自由联想的时刻,也就扼杀了可能浮现创造力和洞察力的时刻。忙碌的人未曾意识到,让无意识思维过程浮出水面,比整天忙忙碌碌于解决问题,也许更有成效。

做减法,首先要改变用各种各样的事务把自己的日程填满的做法。减少日程,给自己的工作留白,留下"空闲"的时间,这需要我们

＊　彭凯平:《生活中的情绪心理学:来自内心深处的福流》,清华大学出版社 2024 年 5 月版。

清晰地梳理自己的工作,分清楚到底哪些是重要的工作、哪些是表演的工作。

当下知识工作者的工作中有太多表演的工作,或者说"伪工作"。表演的工作,顾名思义就是表演给领导或者同事看的工作,让别人看起来自己很忙、很努力。哪些是表演的工作呢?比如说收发大量邮件,各种视频会议,不管与自己工作的关系远近,都花时间参加。当然各种给领导看到的总结报告也可以归纳于这一类。现在许多知识工作者花大量时间在开会之类的表演工作中,真正落在自己完成手头工作的时间反而不够了,加班也因此成为常态。这些都需要改进。

做减法有不少具体的小贴士。

第一个小贴士是我们要对非即时沟通说不。现在许多人的工作都在微信上,微信交流,期待一条微信马上及时回复,期待微信群里的每一条工作留言能被立刻看到,老板在微信里深夜留言也是如此。这么做貌似高效,其实是让工作变得更加碎片化,很容易打乱工作的节奏。

第二个小贴士是尽量减少同时做几件事情(multi-tasking),把一件事做好比同时做几件事情相互干扰要高效得多。好的知识工作者经常一天只聚焦一件事情,给自己重组的时间,可以充分地考虑。

第三个小贴士是使用软件和服务,尽量使用付费版本,不要贪便宜浪费自己宝贵的时间。尽量减少琐碎的小事,甚至用付费的方式来减少不必要的麻烦(当然雇人来做事情也是一样的),有人专门就用付费的 pro 业务,因为可以节约时间,减少干扰,增加专注力,其实非常重要。

最后一个贴士是向工业生产的流程管理学习。就个人而言,工作也需要分为正在做的和即将做的。正在做的工作忙完了,才将即将做的工作安排进来。从团队协作来讲则需要改推(push)为拉(pull)。知识工作者之间的协作同样遵循的是木桶原则,最短的那块板是团队的瓶颈。推和拉是两种完全不同的工作方式,前者是只忙自己的,会在组织中制造瓶颈;后者是按照最慢节点的节奏去推进,强调公开透明,反而有助于整体效率的改善。

遵循自然节奏

自然节奏背后也有小故事。人类学家对世界上硕果仅存的狩猎部族研究发现,他们每周工作的时间要少很多,20 个小时就足够全家吃饱了,有更多娱乐时间。狩猎者遵循的就是自然的节奏。

狩猎时代基本上是按照自然规律——植物生长和动物迁徙的规律——来规划作息。其实农耕时代也遵循自然规律,也有秋收冬藏的区别,秋天繁忙,冬天是休养生息的时间,一年之中也能做到有张有弛。但到了工业时代,每天都是繁忙的秋天,反而没有休息的时间了。

换句话说,我们做事的“异化”其实是过去 250 年工业时代才出现的。

为什么要有自然的节奏呢？因为创造的事情很多时候急不得。遵循自然的步伐，对于重要的工作，并不需要赶。越重要的工作越需要沉淀，让它按照瓜熟蒂落的方式推进。

撰写谍战小说 007 系列的作者伊恩·弗莱明(Ian Fleming)就是如此。他在二战之后担任英国一家大媒体的国际编辑，但签署了一份特别的合同，每年只工作 10 个月，12 月至次年 1 月伦敦的冬天，他会到牙买加热带海岛上的小屋子里度假放松。刚开始是享受牙买加冬日的暖阳。在海岛上无事可做，就开始写小说，007 系列的第一部《皇家赌场》就是这么写成的。后来这也成为他的习惯，每年秋天构思下一部 007 小说的框架，冬天休假的两个月完成初稿，春天回到伦敦再改定。换句话说，弗莱明找到了自己工作的韵律或节奏。

锻炼身体的比喻也很重要。每个人都知道锻炼身体一开始需要热身，等身体都灵活放松了才正式开始锻炼，结束之后也不要马上停下来，最好再来几分钟的缓和运动。工作也是如此，有张有弛是最好的节奏。一家软件公司的惯常做法就遵循二八定律，努力工作八周，然后两周放慢节奏(slowdown)，让大家休息、充电。这与锻炼身体也是一样，不能一直是满血冲刺，还需要慢下来舒缓运动。这家公司常年被评为最佳雇主。

偷得半日闲，其实也不错。职场就得学会"偷油"，老板对这样的"偷油"其实应该鼓励，毕竟知识工作者的工作已经不再是朝九晚五。一个建议是每个月找一个下午溜出去看一场电影，或者逛一逛博物馆、美术馆（在混合工作的时代，已经不需要溜出去了，可以直接翘班）。这种节奏的改变和跳出惯常工作的框架对于个人而言，是非常重要的另类刺激和休息。

专注于质量

专注，很多人都很清楚。专注提升质量也似乎是大道理。但在这里，专注于质量有三个更深的意思。

第一，禁得起诱惑，为了做成大事，短期内可能要学会放弃机会、拒绝诱惑。这也是一种另类的做减法。

一个有趣的例子是一位年轻的流浪乡村歌手在圣地亚哥被唱片公司发现，唱片公司希望100万美元签约（sign-up bonus），歌手自己知道所谓签约奖金，其实是版税的预付款。唱片公司花大价钱，其实就是想要尽快捧火一位歌手，这也意味着如果无法快速成功，就可能及时止损，那时候预付的钱都得吐出来。这名歌手选择放弃百万"奖金"，宁可做一位普通的签约歌手，就是希望即使自己的第一张专辑不温不火，仍然可以继续签约唱歌，因为唱片公司不会因为成本贵而砍成本。事实证明了她的聪明，她的确是慢热型选手，出到第三张专辑才开始火爆起来。

第二，高质量原创的结果不能人云亦云，不能追潮流，这就需要有主见和定力,需要自己有判断力,需要减少外部的压力,给自己更多创造的自由度。对知识工作者,尤其是艺术家,"高质量"其实是做好自己的代名词。外部有太多诱惑,有太多别人成功的经验和模板,模仿别人很难获得大的成功。需要的是做好自己。但做好自己需要时间,需要坚持,当然也需要一个相对压力不是那么大的外部支持环境。

第三,高质量需要避免透支,需要有意识去充电。太忙而无暇学习,没有时间放松,就可能透支。充电需要培养自己的品位。审美很重要,因为它有潜移默化的功能。"通感"可能是更好的方式,在自己熟悉的领域内不断提升自己的能力,有压力、缺乏自由放松。在一个全新领域去感悟,去提升自己鉴赏和审美的能力则完全不同,它推进触类旁通,也可能在不经意的情况下带来惊喜。比如《慢的效率》的作者就把看懂电影作为一个培养自己审美的兴趣爱好,不仅是看电影,还从专业杂志和社群中理解专业人士对电影以及电影背后的镜头、剪辑、布景等一系列内容的评价,提升自己的鉴赏力。

慢食运动的启示

21世纪初,麦当劳要在罗马城内的著名景点西班牙台阶附近开设一家连锁店,引发当地人的反弹。面对麦当劳代表的快餐(fast

food),当地人针锋相对地推出了"慢餐(slow food)运动",强调使用本地和当季的食材,保护当地饮食文化,餐饮要节奏放慢,回归餐饮作为社区枢纽的传统地位。

"慢餐运动"的口号是:为了逃离快餐的单调乏味,让我们重新发现当地美食的丰富品种和香气。

"慢餐运动"并不是那种一时兴起的怀旧情绪,如果单纯是怀旧,根本无法长久。它也不是对外来全球化餐饮的简单打压——它反对的是快餐代表的饮食文化对意大利既有饮食文化的挑战。换句话说,如果大量传统饮食被快餐替代,饮食文化中的多样性、本地饮食背后蕴含的文化就会消亡。慢饮食的意思就是你不仅是在吃饭,你还在体验当地的食材、当地的文化,与当地的社群建立紧密的联系。"慢餐运动"的价值在于,它不仅停留在对快餐的批判上,还提出了竞争性方案,希望至少在某种程度上,重新组织起来的慢餐饮可以抵御快餐。

"慢餐运动"反对的是快餐带来的铺天盖地的改变,这种改变也恰恰是为什么越来越多人开始拥抱"慢是新的快"。当快成为主流,用效率的单一维度去取代工作和生活中的多个维度的时候,结果并不那么美好。快餐作为现代社会的代表,无论是文化上的简单粗暴,还是从口味到营养的匮乏,甚至引发糖尿病和心血管等慢性病,都需要某种程度的纠正。相比之下,"慢餐运动"呼唤的是恢复本地饮食文化的传统与丰富,以及饮食本身的健康。

针对当下简单图快、简单追求效率的工作方式,也需要"慢餐运动"那样提出有针对性的改变。"慢餐运动"也因此带来了两点非常重要的启发。

第一，真正有效的改变需要提出一个可行的另类选项。比如相对于快餐，你需要提出有丰富文化内涵、既食材新鲜又富含本地特色的本土慢餐。

第二，这个另类选项最好经受过历史的考验，不是拍脑袋想出来的激进策略。比如慢餐并不是回头逃避当下快餐的竞争，而是要寻找能够帮助重塑未来的思想。

《慢的效率》就是要对当下职场过于追求忙碌现象矫枉过正。知识工作者能够慢下来，最终的成果可能更好，因为归根结底，最重要的其实是最后的结果，而不是到达那里的速度，或者在中途以疯狂的忙碌给人留下的印象。

当然，置身当下的中国语境，忙碌也许是不少人逃避焦虑的选择。其实在职场充满不安全感的当下，慢下来或许是更重要的。这已经不再是"你只有拼命奔跑，才能待在原地"的时代，它需要你有更宽广的视野与更平和的心态。

如何避免"鸡同鸭讲"?

《生活大爆炸》是历时最长也最受欢迎的情景喜剧,有人说它的火爆是生逢其时,因为一零年代是硅谷极客创业的时代,聪明无比却情商低下的极客(Geek)被社会广为接受,甚至因为硅谷淘金热,大众对他们更是充满了好奇心。但《生活大爆炸》并不像另一部喜剧《硅谷》那样直击创新创业的内核,聚焦的是三位物理学家、一名工程师及他们伙伴们的生活,主创一开始的想法是去展现聪明的头脑与笨拙的处人待事之间不断碰撞出的笑点和槽点,但这从一开始也就带来一大难题:如何让观众与这些"无感的"极客共情?

事实上,《生活大爆炸》试拍的第一集(pilot)等来的不是观众的爆笑全场,而是冷场。观众并不能理解极客行为背后的想法。通常在这种情况下,整个剧组铁定"领盒饭"了。但哥伦比亚广播公司(CBS)的高层破例给了主创人员第二次机会。导演对剧情做了修改,砍掉了原本要凸显极客笨拙的精明女配角,加上了后来大红大紫的佩妮的角色——一个很能共情的人。在第一集里,佩妮搬到莱纳德和谢尔顿的公寓,三人第一次见面的场景堪称经典,虽然都只是用"Hi"来相互打招呼,背后的感情却丰富多彩,展现了惶恐(莱纳德不知道该怎么与这位美貌的女生打招呼)、困惑(谢尔顿奇怪为什么要与女生打招呼),以及又好奇又奇怪(佩妮感叹怎么会遇到这两个怪胎,但挺好玩的)。剧组所不知道的是,他们的这组镜头破解了共情的密码,一下子就收获了观众的喜爱和掌声。

那什么是共情的密码呢? 很简单,首先要投桃报李,有对等的互动。其次,要同频,别人热切,你也热切,别人将信将疑,你也疑神疑鬼。在《生活大爆炸》的这段开篇里,3 位主角的火候拿捏都很到位:对待陌生邻居,不是很热情,但也绝不是冷冰冰的敷衍,语音语调和肢体语言表现出了各自不同的小心思,让观众可以从细节中理解不善言辞的极客的心境。

查尔斯·都希格在新书《超级沟通者:与所有人连接的秘密》* 中对《生活大爆炸》中所体现的沟通技巧做了精准的分析。如何更好地工作和成长是都希格持续关注的话题,他此前的畅销之作包括《习惯的力量》和《高效的秘密》等,《超级沟通者》也延续了这一思路。这本书的核心观点是善于沟通是成功人士的特质,成为超级沟通者需要回答三个问题:沟通到底为了什么? 我们的感受如何? 以及我们是谁?

沟通为了什么?

生活中的鸡同鸭讲通常是因为沟通双方对于某个议题有截然不

---

* 〔美〕查尔斯·都希格:《超级沟通者:与所有人连接的秘密》,白瑞霞译,中信出版集团 2025 年 1 月版。

同的想法,比如一方支持禁枪,一方反对禁枪,若没有好的沟通方法的话,很难说到一块去,沟通很容易变成相互之间的争吵甚至谩骂。但在日常生活中,很多无效沟通的原因更简单,就是各自之间并不清楚到底在进行哪种沟通。

我们都有哪些沟通呢?通常可以通过三步来分析。

沟通的本质是一场谈判。第一步需要搞清楚我们到底在沟通什么?在任何一场谈判中,最重要的一步是搞清楚所有参与者想要什么。很多时候出现鸡同鸭讲的情况,是因为大家表面上聊的和真正想聊的东西并不是同一件事。一场谈判中,至少有表面话题,也有更深层的主题。有的时候,沟通者心里知道深层次的问题是什么。有的时候,甚至沟通者自己都不清楚深层次的问题是什么。尤其当我们处在某种情绪状态之下,比如我们俗称的"感情用事"的时候,就根本听不进去别人的话。

在搞清楚对方到底要做什么之后,我们下一步则要确立沟通的主要目标。沟通不是零和游戏,不是辩论会,不是说服教育,不是为了赢。沟通是为了说服对方成为合作伙伴,共同探索之前没有人想到的新的解决方案。换句话说,沟通要解决问题,这才是沟通的本质。所以好的沟通,不仅需要理解每个参与者的想法、他们的出发点,也需要理解他们的价值取向,在此基础上才能有机会开始探讨如何解决问题。

第三步,我们还需要区分两种完全不同的沟通,也就是经常提到的"理智与情感"的区别。理性的沟通,遵循现实逻辑,讲求成本收益;感性的沟通,依照情感逻辑,讲求找到同类项,产生情感连接。前者可以列事实,讲道理;后者则需要讲故事,寻求情感共鸣。恰恰是后者,学问还真不少。

我们的感受如何?

因为我们经常分不清"理智与情感",在需要讲故事的时候仍然一味地讲道理,才会出现"鸡同鸭讲"的问题。寻求情感共鸣,就需要回答第二个重要的问题:"我们的感受如何?"《生活大爆炸》的成功密码恰恰很好地回答了这个问题。

谢尔顿和莱纳德是《生活大爆炸》中塑造最成功的两个极客形象。这部剧集向观众清楚展示了两人的情绪,同时保持对他们在情感沟通方面的无能的真实描写,它成功塑造了观众喜欢并且可信的角色,能够在不失幽默的同时不显得冷酷无情,而且在保持一贯性的同时又不呈现刻板印象。

这种情感共鸣的能力是达成超级沟通最需要的,即分享情感,与对方共情,产生情感的连接,产生信任,分享各自的深层次的想法,然后才真正达到理解对方。道理很简单,人非机器,我们在大多数情况下都是情感动物,常常会被情感所驱使。

《超级沟通者》举了一个非常鲜活的例子:一位后来成为名校心理系的教授青少年时期叛逆的故事。他上中学的时候是问题青年,叛逆期连续两次因为酒驾被警察拦下来。幸好两次警察都没有拘留他，而是让父母来接，希望父母回去好好教育。第一次酒驾，警察和父母都对他谆谆教诲，他却无动于衷，根本听不进去。

第二次，父母感觉无能为力了，请了一位心理咨询师来开导他。咨询师并没有给他讲大道理，也没有做所谓换位思考，试图站在他这样一个十几岁的年轻人的视角去看问题，只是问了一些简单的问题：如果酒驾出事故怎么办？撞伤人怎么办？这样的问题看似简单却无法回避，也让他心中产生真实的愧疚的感觉。

这个案例颠覆了我们对换位思考的认知。换位思考教导我们用别人的视角来看问题，或者如英国谚语那样"用自己的脚试一下别人的鞋子"。问题是很多时候我们根本做不到，比如家长很难真正从一个叛逆的十几岁孩子的视角去看世界。所以超级沟通强调，与其试图站在别人的角度思考，不如专注于推动他们分享他们的不同视角，让他们描述内心的生活、价值观、信仰和感受，以及他们最在乎的事物，真正在沟通中触及关于感受、价值观、信仰和经历等深层问题，只有在谈到这些深层次的问题时，他们才会暴露自己心里的脆弱感，而这种脆弱感会引发情绪传染，进而帮助我们建立情感连接。

NASA 对宇航员的筛选流程特别重视一个人能否很好地与别人沟通，NASA 认为，一位好的宇航员，需要具有足够的情商，尤其是能够在太空中有效理解别人的感受，因为他们需要应对在一个既是工作区又是居住空间的狭小区域里长时间相处而产生的紧张、无聊、争吵和焦虑。

NASA筛选宇航员通常会问以下三个问题：你对赞美的反应如何？你对怀疑态度又是怎样的反应？你是如何描述拒绝和孤独的？NASA的这三个问题考验的是候选人是否有能力有效沟通。

我们是谁？

在沟通过程中还有一个更重要的问题，就是"我们是谁"。

最近在西方，民粹主义大流行，推动了身份政治（identity politics）大行其道，其背后搅动的就是"我们是谁？"。比如成功地把美国乡下大农村的"红脖子"归类于全球化的受害者，就可以让他们更认同特朗普"让美国更伟大"的民粹提法。"我们是谁？"是一个更为古老的问题，它强调我们社会身份（social identity），也就是基于所属群体、交友的人、加入的组织以及接受或回避的历史而形成的自我形象，会极大影响我们的认知。

这种社会身份可以是支持自由市场的自由派，或者支持计划干预的保守派；可以是进步派，或者是支持传统家庭观念的传统派等。还有更为常见的社会分类，比如为人父母，或者是年老父母的子女；也可能以职业来分类，比如医生、律师、教授等；当然还包括中国人比较熟悉的同乡、同年、同学、同事、战友等。

理解社会身份非常重要，因为老话说得好，"物以类聚，人以群分"。人是社交动物，我们总是希望被划分到某个人群中，我们会放大所属人群的共同性，也会放大跟我们不同人群之间的观念差异。而恰恰是这一倾向会影响人际之间的沟通。如果我们不理解沟通场景下对方的身份认同，沟通效果往往会大打折扣，对方甚至会对你的观点充耳不闻。

解答"我们是谁？"的问题，最好的抓手是意识到其实每个人都有多重的社会身份。想要改变一个人的执念，改变在特定场景的社会身份是一个很好的出发点，这样就会减少他因为自己认同某个群体转而认同这个群体拥护的观念的倾向。

举个例子。许多人对打疫苗特别反感，尤其是给孩子打疫苗，这种父母常常认为打疫苗会给孩子带来副作用，是导致自闭症的元凶，进而相信某种阴谋论。

对于这样的病人，忙碌的医生可能非常简单粗暴地回答：你懂什么，我是专家，听我的没错。另一些医生可能从科普的角度出发，会不断给病人更多资料、数据，来试图说服对方。前者只可能引发更强烈的反感，因为根本不是平等的交流；后者则往往没有任何效果，因为忽略了情感连接，对于孩子在父母心中的重要性，医生没有表达出充分的理解。

遇到这种问题，不能硬碰硬地去解决，需要回转，而回转需要依靠转换社会身份。每个人都有多种社会身份，在打疫苗的场景中，一方是医生，另一方是病人。如果限定在这种固定的社交身份之内，双方就很难产生情感连接。但如果转换一下，比如双方都是父母，如果站在父母的视角来体会给孩子打疫苗这件事在父母心中的重要性,医生就能体谅病人因为关爱孩子而生的焦虑。

因为美国有不少人不相信疫苗,新冠疫情肆虐的时候,推广疫苗就成了难题。书里就举出了一个案例:医生劝一位老人打疫苗,老人表示自己根本不相信疫苗,医生听完也就不再提疫苗的事情,而是跟他聊信仰的事情,因为他知道老人是虔诚的信徒,而自己也是。他乐意倾听病人的说法。打开了话匣子,病人分享自己的真实想法,表示因为自己很虔诚,如果疫情很严重,上帝一定会有安排,一定会给出解决方案。医生顺着他的话说,的确如此,如果这次新冠疫苗是上帝带来的解决方案呢?撂下这句话,医生就走了。后来护士说,老人待了半个小时还是没走,因为他想打疫苗了。

从这个例子中不难看出,超越固有的社会身份对于有效沟通有多么重要。对于医生,他需要想办法解决自己内心和其他医生头脑中存在的刻板印象,这些刻板印象让他们将拒绝疫苗的人视为无知和不负责任者。换句话说,他从心底就鄙视这类人,一旦有了这样的想法,他就很难真正平等地与对方沟通,即使自己不明说,对方也很容易感受到这种态度。

超越固有的社会身份,就需要去找到新的身份认同,共同的信仰是一种方式,两个人在一起聊信仰之后,他们进入了同一个圈子,可以进行平等地对话,让患者感到受到尊重。

挖掘每个人的多重身份,采取平等交流的方式,找到共同的(新的)身份,这种三步走的方式就能更好地进行沟通。这种社会身份的转化可以说是一种"角色转换"式样的换位思考,其核心是意识到一个人总是有多重身份,当我们在新的语境中构建全新的身份认知的时候,尤其是依据这种新的身份认知建立起某种平等时,就能很好地建立沟通。

上面的案例也用到了超级沟通者所强调的重要沟通技巧:了解对方的真实想法,建立情感连接,学会倾听,理解对方的社会身份,试图转变社会身份来平等沟通。

如何进行在线沟通?

回答了达成超级沟通的三大步骤,我们不能忽略一个很重要的前提,即这种沟通是面对面的沟通。问题是,当下的沟通以在线沟通为主,微信和其他社交媒体成了我们工作和生活沟通最主要的方式,而在线沟通更容易产生失焦问题。

人类通过肢体和语言面对面沟通已经几十万年,通过文字沟通至少有5 000年的历史,在线沟通才只有四十多年的历史(自人类第一封电子邮件开始)。相比于前两种沟通方式,在线沟通可以说是处于小孩学步的阶段。

语言沟通的好处是不仅语言传达意思,声调、神情、肢体语言还能传达表情。文字沟通也形成一系列惯例,因为爱惜字纸,也因为古代会读书写字的人在中外都很少,所以文字沟通更有深度,也形成了一套客气的规范。此外,因为文字沟通(主要是信件,后续还有通过书籍的一对多的传播)的异时性,不可能立刻反馈,看完之后会进行缜密思考,再回复,反而更适用于理性的交流,而不会被感情裹挟。

所以想要更好地在线沟通,除了要回答超级沟通的三个问题之外,还特别需要特别清楚,双方进行的不只是事实的交流,很多时候也需要情感的交流,如果情感上出现理解的偏差,沟通就很难同频。

在线沟通很多时候是即时的:邮件回复的速度比信件要快得多,对回复的期待也殷切得多;在线一对一聊天更是类似语言沟通,期待即时回复,但沟通带宽要窄很多,很难传递复杂的情感;群里的发言更像是露天广场上的交流,有公共性,但同样受制于带宽而信息量有限。如此梳理下来,在线交流的问题也很明确:因为传递的信息有限,又期待即时回复,很多时候说话不过脑子,对方很容易产生理解上的情感偏差,而且很容易因为这种偏差而感情用事。

如何更好地在线沟通,有四条原则值得谨记。第一,礼(礼节)多人不怪。在线言辞多些客套,多表达感激、尊敬、问候、道歉、委婉的表达等,这样一来至少会让别人不觉得生分,不会觉得受气。第二,发言别作怪。这一点特别重要,因为在线交流最怕在有限的信息中添加某种"自作聪明"的成分,比如自以为是幽默,结果被别人误读为嘲讽,造成冲突。第三,三思而后发言。在线聊天最怕不过脑子就说话,或者遇到问题第一反应就写出来。在邮件时代,就有人建议,遇到复杂的邮件,不要马上回复,等过一天,情绪平复之后再回复,这样就能避免情绪波动给交流带来负面影响。最后一点,群里尽量不要公开批评,因为很容易适得其反,甚至失控。

拥抱极客方法

2019年是流媒体创业的好时代。奈飞的快速增长推动HBO和迪士尼这样的传统媒体加速向流媒体转型,也催生了一批流媒体创业企业,Quibi就是其中之一,这是一家由好莱坞著名制片人卡森伯格和惠普前CEO惠特曼合作创建的在线流媒体公司。

这家公司2018年底筹划,2020年中推出,从概念到投放市场,只用了18个月,完全是网络时代的行动力。而且推出的时机绝佳,因为疫情给全球流媒体带来巨大的增长机遇。可叹的是这家融资不错、由资深业内人士下海操盘的初创企业并没有抓住大势的红利,很快就折戟沉沙,不到200天就倒下了。

复盘Quibi的失败案例,有助于我们思考在剧变的时代,无论是创业还是守成的公司,都需要哪些观念、管理与组织的转型。

首要的问题是创始人的思维。虽然Quibi是一家在智能数字时代的创业公司,但创始人卡森伯格并没有走出工业时代的思维。作为一位经验丰富的业内人士,他构建的仍然是传统的阶层组织,自己作出所有最重要的决定,却极少显示出改变方向或改变主意的开放性。问题是,人工智能驱动的市场变化是无法依靠陈旧僵化的阶层组织来适应的。

举个例子。公司推出流媒体节目后不久就发现了两个大问题：一是视频片段无法分享到社交媒体，也因此无法产生互联网时代口碑营销的效果；二是它限制在手机之外的屏幕上观看影片，引发许多用户的抱怨。看到问题，改变却很缓慢，因为卡森伯格很难听得进不同的声音。Quibi 虽然抓住了最佳创业时点，却只有计划，没有迭代。

Quibi 之所以会犯下这两个问题，根子在卡森伯格。作为工业时代的老人，他并不懂得社交媒体口碑营销的价值，反而觉得内容随意分享会侵蚀产品的价值。同样作为一个希望学习拥抱智能时代的老人，他又会拍脑袋做出激进的决定，比如认为手机时代，电视还是电脑都将是没落的屏幕，却全然不知向下兼容和给用户自由度的重要性。

不怕犯错，就怕没有纠错的机制。Quibi 可以说是一家貌似硅谷创业的传统公司，但缺乏创业公司最重要的两大内核：自主性和开放度。自主性强调的是每一个员工都能够参与决策，而且要尽可能减少决策的链条，减少说"不"的人。开放度则是在组织内部形成一种开放讨论的氛围，让不同人都愿意且能够质疑老板的想法。自主性和开放度是极客方法的核心，道理很简单，在变化的时代，众人的智慧在很多时候都强于一个人的判断力。

从 2020 年开始，外部环境的变化和技术的迭代都在加速，推动企业必须开启从工业时代向智能数字时代的大转型。新书《极客方法》(*The Geek Way*)延续了麻省理工学院教授安德鲁·麦卡菲在前两本书《第二次机器革命》和《人机平台》(*Machine，Platform，Crowd*)中对工业时代向智能数字经济转型的研究思路,通过对硅谷创新企业的研究,大胆指出,工业时代所强调的阶层组织、强调执行力与多单位协同的组织方式,必然让位给更加敏捷、开放、响应迅速、科学决策的组织。*

SOSO 框架

什么是极客方法? 简言之就是拥有好奇心、自我驱动、小众而多元,因为极客们更在意自己的热情,而不是主流观点。极客方法驱动的组织因此会减少等级与阶层,减少自上而下的管理,避免僵化。极客方法喜欢辩论而厌恶官僚主义,它更青睐迭代而不是计划,它能容忍更多混乱,而且也不喜欢花很多时间在多部门的协作上。

换句话说,智能数字时代的组织在重新思考一系列组织的终极问题:如何建立一家公司? 如何作出良好的决策? 如何组织　个大型项目? 人们应该如何互动? 信息应该如何分享?

安德鲁·麦卡菲提出了数字智能时代企业组织 SOSO 原则。

---

* Andrew McAfee and Reid Hoffman, *The Geek Way*, Little, Brown and Company, 2023.

SOSO是四个关键词的首字母组合,分别是科学(science)、自主性(ownership)、速度(speed)和开放(openness)。

工业时代的特点是稳定,但变化慢。只要客户持续需要相同的东西,需求就是可预测的,企业也可以提供良好的产品与服务。如果消费者的需求持续发生变化,工业时代的组织就很难适应。智能数字时代的特点是变化快,技术不断颠覆产品和服务,消费者的行为也因此产生剧烈变化。数字时代组织的首要任务就是适应变化,快速抓住新机遇。

在一个变化不大尤其是消费者需求变化不大的世界,阶层组织、效率优先、规模化带来的性价比基本上就能适应需求了。但是在一个变化特别快、消费者需求也跟着转变的世界,企业要跟上消费者需求,就需要领导者学会"极客方法",这也是为什么要强调科学、自主性、速度和开放的原因。

举几个常见的例子来凸显极客方法带来的组织变化。

第一,速度。这里强调的是迭代的速度,而不是做事的速度。如果只是更快地把事情做完,而在这一过程中没有迭代的能力——将一个新想法在现实环境中尝试,搜集外部的反应,尤其是最终消费者的反应,然后不断改善的能力——那不叫速度。当然,迭代的速度也需要很快,尤其是打破之前固有做法的速度。

同样是研发小卫星,NASA的系统思维导致它需要考虑到各种外太空可能出现的情形,稳健从事,其结果是卫星研发的速度要慢很多,成本也要高很多。相比之下,太空领域的创业者则要更冒险,比如他们尝试把 500 美元的手机发射到太空,看看是否能拍摄照片并传回地面。其实 500 美元的手机与 50 万美元的小卫星有 90％的零部件是一样的。当成本大幅削减之后,冒险迭代自然变得更容易了。马斯克的 SpaceX 的迭代就要快得多,以至于观察者这么说:我们实际上看到他们围绕火箭建造工厂,而不是相反。

第二,自主性。亚马逊就特别强调自主性,只要一位员工发现问题,与另一位同事商量之后就能着手解决,而不需要领导批准。亚马逊内部将这种做法叫作"按下按钮",不需要领导的批准就采取做改变。这也是为什么亚马逊特别强调"双向门"决策的原因,因为如果出问题,大不了退回来。

第三,开放度。奈飞在开放度上就栽过跟头。进入流媒体时代的早期,CEO 里德·哈斯廷斯(Reed Hastings)决定将公司分拆成两个品牌,老品牌奈飞提供流媒体服务,创建一个新品牌继承原有 DVD 的邮递租借业务。想法一推出,市场哗然,甚至有人给他起了"贪婪(greed)哈斯廷斯"的绰号(他的名字是 Reed,"greed"正好是谐音梗),因为两个平台需要两次登陆,捆绑的订阅费用也增加了六成。

虽然奈飞内部号称提倡开放讨论的氛围,但大多数人看到老板如此执着,也都三缄其口,人之常情,结果哈斯廷斯的决策没有经过内部讨论就推出来,引发巨大舆情。反思这次失误,哈斯廷斯很清楚,在组织内部推动开放讨论,光喊口号没用,重要的还是建立制度保障。于是他推动了建立重大决策都需要争取"反对"意见的制度,以及把重大想法事先在公司内部传播(socializing)的机制。

后续,当奈飞内部讨论是否需要加强儿童内容的投资时,虽然哈斯廷斯十分反对,但有了确保开放讨论的机制,就能纠偏老板的执念,结果奈飞在儿童影视内容上也斩获颇丰。

最后一点是科学方法。在高科技企业,尤其是面向消费者的互联网企业,A/B testing(A/B测试)已经成为常态。一项决策正确与否,最好的方式是让消费者来做选择。谷歌是这一做法的首创者,在早期选择官网页面设计的时候,经常做这样的尝试。奈飞也有类似的做法,到底选择拍摄什么主题的内容,七成应来自科学实验,搜集用户真实反馈数据,三成依赖管理者的判断,包括对数据的解读。按照奈飞联席CEO萨兰多斯的说法,需要科学方法和有温度的判断的结合。

为什么行百里路,半九十?

《极客方法》不仅提出了SOSO框架,也对企业普遍存在的大企业病提出了深刻的批评。什么是大企业病,简言之有两方面:一是企业内部无法对齐,小团队的目标与企业的整体目标脱节,企业内部无论是上下还是横向,都缺乏有效沟通,存在太多信息茧房;二是企业内部的许多复杂项目都需要不同团队之间的协调和协同,而协调和协同往往要么是资源的争夺,要么是无谓的内耗。

中国有句古话,"行百里路,半九十",本意是艰苦的努力往往在最后关头坚持不下去,所以千万不要以为事情做完了九成就可以放轻松了。如果放在工业时代组织框架下理解,这句话比较好地抓住了大项目常常延期的原因。

研究者发现,许多复杂大项目,一开始都可以比较好地推进,但是推进大概九成的时候就会慢下来,甚至有时候不进则退,问题也纷纷暴露,导致项目延期,费用也超标。案例很多,比如几年前大众的首款电动车项目没有办法通过远程软件更新(OTA),引发各方诟病,要知道通过OTA更新软件是特斯拉的标配。结果,大众首款电动车上市不得不推迟。

为什么会出现这种状况?主要原因是复杂大项目通常都是由许多团队来共同完成,大多数团队并不喜欢公开透明,刻意保持内外的信息差。每个团队的工作进展,外部人士——无论是其他团队还是项目经理——都不一定能了解。如果团队自己的进度出现问题,一种新的纳什均衡(纳什均衡的定义是不管别人做什么,你的选择对你而言都是最优选择)就会出现——你会选择在所有团队参加的周会或者年会上不分享这些坏消息。当领导问你的项目进展如何,你会说一切顺利。

之所以不分享坏消息是最佳选择,首先因为外人并不容易了解真相,而且我们总会更乐观,会相信现在只是小挫折,假以时日,或许很快就能赶上。其次,如果现在承认问题,你就很容易被人怪罪成那个拖累整个大项目的人。如果你诚实分享,所有管理者的镁光灯都将聚焦在你的身上,把你的工作放在显微镜下面盘查,未来想要赶上去都不容易。

大项目之所以在九成阶段出问题,是因为纸包不住火,总有团队到最后阶段已经没有可以拖延的时间,不得不分享坏消息。而且只要有人开了头,后续的人也乐得顺水推舟,持续"爆雷"(第二个"爆雷"的人,心理上要轻松不少)导致整体项目出问题。

理解这种九成悖论,需要我们对《极客方法》最重要的立意——工业时代与数字时代的组织方式的最大区别——做深刻的理解。工业时代强调自上而下制订的计划,强调管控和协作,所以才会有定期的会议,也才会逐渐形成阶层官僚组织。但这样的组织形式已经不再适应复杂剧变时代的需求。

想要推动改变,需要做到以下三步。

一是推动组织内部的信息分享,让小团队既不能也没有动力藏着、掖着自己的资讯,形成机制让人人乐于分享。

二是让市场去检验进度,让团队及时听到外部的反馈。自上而下的项目管理和产品设计周期太长,缺少市场检验的环节,也没有办法在过程中提供反馈和纠错。

三是让项目自身有持续改变的动能,团队不是在完成一个既定的目标,而是要真正达到特定目的、解决特定问题,这样团队才有动力不断能够整合进外部的信息,不断改善。

这三个步骤契合了 SOSO 环节中开放度、速度和自主性的原则。

回归敏捷

罹患大企业病的官僚组织会鼓励两种不良行为：一种是降低可观察性，最常见的就是滥竽充数，挤在一堆人里，很难发现你到底会不会吹奏；另一种是"可否认性"，指的是在某种情况下，一个人或组织有意保持自己不知情或不涉及某件事情，以便在需要时否认参与或知情。

回溯一下 2001 年软件业开启的敏捷软件开发运动，不难发现，极客方法就是要通过增加可观察性、减少可否认性来解决大企业病的问题。

敏捷运动引入了四个重要的步骤。

首先，它引入看板，应对的是官僚系统中存在的低可观测性和高可否认性的问题。看板让不同的团队尽可能地分享信息，增加透明度，让所有人都看到团队开始做了什么、哪些是正在做的、哪些是已经完成的。更重要的是，它强调必须减少正在进行的项目(WIP)，因为 WIP 的信息量最少。

其次，它引入外部视角。具体项目是否完成，并不是由团队来决定，而是由中间客户(其他团队)和最终客户来决定。这么做就避免出现因为可以糊弄人或者因为自己过于自信而出现的信息不对称。

再次，缩短项目周期，加快迭代速度，这也是釜底抽薪之计。之所以一些团队在大项目中早期不愿意分享挫折，临到末了才不得不承认问题，就是因为还有拖延的空间。加速迭代，每周/每两周的项目迭代节奏，让小团队没机会拖延，断了他们自欺欺人的后路，反而有助于问题的及时暴露，鼓励诚实的文化。而且一两周为一个周期，即使出问题，拖了其他团队的后腿，也不会带来更严重的损失。

最后，在敏捷开发过程中寻求并整合新信息。

敏捷涌动推动了软件业的转型与迭代。20 多年后，敏捷涌动的一系列法则也变得更加普适，延缓成为《极客方法》给智能数字时代组织提出的 SOSO 框架，其核心是摒弃工业时代关于沟通、合作和跨职能协调的传统智慧，努力构建自治且对齐的组织，解放人们，让他们拥有主权，有自主能动性。

再强调一下 SOSO 框架：第一个 S，科学，强调就证据进行辩论，实事求是；第二个 O，自主性，强调在对齐的基础上给团队以充分的自由度；第三个 S，速度，强调循环迭代，在快速迭代过程中吸收客户和市场的反馈，也不断吸纳新信息；第四个 O，开放，则强调信息透明公开的重要性，要反思，不要辩护。

《极客方法》取材于硅谷的创业企业，也顺应了时代的变化。我们所处的时代，外部环境变化迅速，技术变革迅猛，这都需要企业和组织能有快速的响应和迭代的速度，减少内部信息差。可以说，SOSO 框架是智能数字时代每个人和组织都需要拥抱的新常识。

如何做到"勿以善小而不为"？

卡尼曼在《思考，快与慢》中提出人的思考分为"系统一"和"系统二"，已经成为行为经济学最基本的认知框架：系统一依靠直觉，是百万年进化的结果，帮助人快速决策，却也常常展现非理性的一面，表现出各种偏见；系统二则是理性思考，是人类过去几万年进步的结晶。在《看不见的大象》中，卡诺瓦以大象和驭象人来比喻系统一和系统二，更加形象。他认为，人的大脑主要由两位成员组成：一个是大象，代表情绪表达、边缘系统、条件反射和自发选择，是古老进化的产物；另一个则是驭象人，是大脑的新皮层部分，负责语言表达和长期规划。* 我们需要思考的是在哪些情况下应该让脑中的大象发挥作用，在哪些情况下又该听从驭象人的指挥？

《看不见的大象》的开拓之处在于利用行为经济学的思考框架来帮助我们思考公共政策中的"集体行动"（collective action）问题。在很多情况下，大多数人明明知道一些公共政策会带来长期收效——比如应对气候变暖必须减少碳排放，这样才能让子孙后代不

---

* ［意］卢西亚诺·卡诺瓦:《看不见的大象：如何用长远思维预测未来》，赵楚烨译，中译出版社 2024 年 5 月版。

用担心极端天气频发等各种自然灾害——却不会主动配合这些政策采取行动，或者缺乏行动力。

古语说得好，勿以善小而不为！但很多时候，我们总会觉得个人的力量很微小，集体行动并不会缺了我一个就做不成，或者攻坚克难的事情只靠我一个成不了事。如何改变这一观点，推动更多人加入集体行动？这就需要去分析集体行动背后的行为动力学。

导致集体行动乏力的原因很多，主要可以归结于三方面。

第一，我们倾向于关注短期而忽略长期。我们乐于活在当下，而不愿意思考长远的事情。过去100年新闻媒体塑造的即时性让我们对长期缓慢的问题（温水煮青蛙的问题）无感。而过去十几年社交媒体的兴起，也导致我们的注意力日益缩减。

第二，集体行动难的问题。总有人从自己的利益出发，轻则"搭便车"，别人出力干活，自己捡便宜。更有甚者，只从自己利益出发，认为只要别人减排了，自己哪怕继续排放也不会带来大问题。只是如果人人为自己，事情就不可为了。

第三，对气候变暖这样的复杂问题还是存在认知的不同。比如很多人并不认为碳减排是大问题，因为对他们而言，气候变暖是非常复杂的问题，微小的变量可能带来意想不到的结果，很难做精确的预测。既然短期预测不准，他们就很难相信长期不作为真会带来灾难。

针对集体行动问题，《看不见的大象》指出，我们需要从人类群体行为动力学来思考如何推动集体行动。就好像行为学告诉我们，人类并不是理性人/经济人一样,对人类的进化分析不难发现,人类之所以成为人类,一个很重要的特点是人有合作性,具备超越族群与陌生人合作的能力。核心问题因此变成了如何推动(助推)人们去合作。

一方面可以诉诸人类本身具备的平等和正义这样朴素的感情,而这些感情恰恰是经历了几十万年进化的人类在协作过程中固化成为脑中的大象。行为学很著名的最后通牒实验就证明了这一点,即人如果感受到分配不公平,哪怕让自己受损,也不能眼见着别人占便宜。在这个实验中,有 100 元钱的奖金,由甲来决定如何与乙分配,乙决定是否接受。如果甲决定五五分配,或者四六开,乙一般会接受,但如果甲决定留给自己 90 元,只给乙 10 元,在很多情况下乙就会选择不接受,虽然按照经济人的假设,即使甲给乙一元钱,乙也应该接受,因为这是意外之财。但脑中大象对公平的执着会让乙放弃这份额外的收益。

从平等和正义的观念出发,可以得出要想推动集体行动就需要加入互惠概念的结论。互惠强调,只有在群体中的大多数人相信其他成员也会采取合作行动时,集体行动才能起作用。一个集体意识超越个人利益的人,愿意在集体中积极承担一定责任的人,只有确信有很高比例的合作者时,才会选择合作。

另一方面要思考如何做到"勿以善小而不为",即不要因为一个人的行为很渺小,改变不了大局,也就不作为。卡瓦诺提出临界值的观点,即只要有足够多的人认为自己的努力能带来改变,他们就会选择加入行善(遵从自身对于公平和正义的朴素认知)的事业,不再理会其他人。

一个简单的例子是推广垃圾分类,如果有足够多的人觉得垃圾分类有助于环保,哪怕还是有几个邻居乱放垃圾,大多数人还是会选择付诸行动,践行分类垃圾。这背后当然也会有同侪压力(peer pressure)的因素。同样,当大城市开始推广汽车在斑马线礼让行人时,当更多司机开始改变自己的行为,也会让遵从变得更普遍。这就是足够的问题,我们要做的就是让临界点更快出现。

在推动集体行为时,我们也需要避免出现两种错误的思维。一种是集体惰性,我们一边期待着有人站出来做些什么,一边抱怨着事情没有改变,为我们的不作为找些简单的借口。另一种是将推动集体行为的临界值想象得过高,其实在很多情况下,一个想法想要得到广泛传播,并不需要得到超过半数人的同意。

最后回到认知问题,也需要追问一下,我们要采取的行动是否更依赖较高的认识水平,是否需要增加向公民提供的信息量?还是过多的信息阻碍了人们的行动,所以需要进行"大脑清理",比如提供更加聚焦的信息,或者更加能打动人的信息?在信息爆炸时代,信息过载也可能成为集体行为的障碍。

在管理的深水区探索

为什么管理进入深水区,就会面临一系列悖论? 田涛老师的新书《在悖论中前进》给出了答案。* 其中提出的 13 条悖论,揭示了三方面的管理真谛:

第一,管理是没有正确答案的,更不能生搬硬套来照搬。

第二,语境非常重要,在商业领域我们也可以说情境(scenario)特别重要,不同的环境,不同的产业,不同的处境,都需要企业管理者作出不同的选择。

第三,管理者需要修炼勇气和判断力,因为这两点能帮助他们在不同的情境之下做出相对正确的选择。

悖论思维,中外共通。西方讲领导力,有一句话很经典:领导者要能把两个貌似矛盾的话题,貌似冲突的观念,在自己的大脑有机地融合起来,且不违和。硅谷现在经常会用"contrarian"来形容硅谷成功的创业者,比如彼得·蒂尔,"矛盾统一"是背后最重要的思路。

悖论源自成长,一个初创的企业没有那么多需要考虑的问题,

* 田涛:《在悖论中前进》,浙江科学技术出版社 2024 年 11 月版。

只需要一股脑地求生存、谋发展,但达到了一定规模,就可能需要做取舍了。悖论因为周期,外部环境不同了,企业管理也需要有不同的着力点;悖论还因为领导者的学习和思考,这样做才能因时而变、反向思维。

《在悖论中前进》中列出的13条悖论,是对华为管理思维的总结与归纳,贯穿着管理复杂组织的不少共通性,我认为可以分成三类来仔细思考。

第一类是对短期和长期的思考。企业家需要不断去处理短期和长期这一对矛盾。短期面临逆境,企业能不能活下来?长期发展,企业能否坚持自己的初心?华为在处理短期和长期时就有鲜明的价值观,强调聚焦主航道与有限多元化,要求管理者在面临10只兔子与1只牡鹿时,选择逐鹿而不是猎兔,就是要在明确长期目标不动摇的前提下,学会审视短期的机会主义。

第二类是效率和创新之间的矛盾,这其实是中国经济和中国企业当前共通的转型难题。中国制造经历30年的高速发展,效率极大提升,执行力超强。但怎么推动向创新的转型?

提升效率,强调令行禁止,本质上是反人性的,把人变成螺丝钉,用流程和最佳实践来塑造人;相反,创新是顺应人性的,因为每个人都有特点,一旦放飞想象力,多样性倍增,但效率会非常低,人也变得非常难管理。

换句话说,效率管理就是把人像机器来管理,流程的波动性越小越好。反过来,鼓励人去创新、自主选择,那波动性就会被放大。

凯文·凯利说过,机器是最有效率的,人的创新是没有效率的,因为需要试错,因为没有先例可循。

此外,效率强调秩序,但过度的秩序会阻碍创新,这其实是大企业病的主要表征。过度秩序、官僚主义,到一定程度就变得僵化,变得自满或者自大,变得自以为是。所以从效率与创新延伸出来,秩序和创新也是一组需要因时取舍的大问题。

再向前推演,还有另外两方面的矛盾需要处理。

一方面是冷冰冰的科学管理和有温度的人性管理。在对 AI 的研究中不难发现,AI 是冷冰冰的,人性则是有温度的,以灵活见长。未来,随着 AI 的能力进一步提升,"人＋机器"的组织就特别需要科学管理与灵活度的结合。

另一方面是灰度和黑白分明之间的区别。在大是大非问题上,比如管理者的道德和操守问题,企业需要有制度和流程确保不越红线。但在其他领域,"灰度思维"可能更重要,这就需要企业家敢于授权,给予团队足够的自由裁量权,培养团队的判断力。

第三类是组织相关的悖论。

组织的第一组悖论围绕着个人英雄主义还是集体主义展开。不同企业信奉不同的主义:创业公司很容易一把手说了算,崇拜创业者;但当企业规模变大了之后,集体的努力会变得更为重要。田涛就总结认为,任正非有着强大的组织动员力。换句话说,任正非作为"超级个体"最大的能耐是撬动集体的力量,这就是矛盾统一。

华为显然是崇尚集体主义的,它有一系列鼓励合作的方法,甚至一些借用军队的专有名词,比如"会战",经常发动"集体攻坚战",强调部门之间的配合,非常集体主义。但这并不意味着华为不了解个人英雄主义作为一种推动力的重要性。相反,它很懂得权力感和成就欲是干部最重要的激励。强调集体主义并不是消灭权力感和成就欲,相反还需要大为鼓励,这又是矛盾统一。

组织的第二组悖论专注于解决组织僵化的问题。什么时间是推动改革最好的时机?华为的答案是日子还比较好过的时期。任正非强调,在日子还比较好过的时候要敢于刀刃向内,也就是自我革命,这也是它不断强调"自我批评"的重要性。马斯克也是一个特别喜欢折腾的人,如果他旗下的特斯拉或者 SpaceX 有超过 6 个月顺风顺水,不需要他太多过问,他反而会坐不住,一定要搞点事情出来。这自然有马斯克自大的心理在作祟,但担心组织滋生自满的情绪,担心组织僵化,为此通过折腾来激活组织的活力,不无道理。

短期与长期、效率与创新、个体与集体,这些是《在悖论中前行》梳理的悖论中最有代表性的几组矛盾,也是企业家和管理者如何学习华为的重要切入点。

怎么去学好华为?我想,需要从企业家、创始人和一把手的视角,思考当团队成长到几千人的规模、业务变得日益复杂、企业需要穿越周期的时候,能够参考华为在类似情境中领导者的思考,判断企业出于什么样的发展阶段,分析外部环境发生了哪些变化,然后训练在重大决策中做出取舍。

《在悖论中前行》不只探讨了管理者如何在复杂环境中处理好

各种悖论,它也有鲜明的时代价值。

中国经济和中国企业都正好站在一个转型的关键时点,在这个重要的时间节点,以华为作为样本去梳理中国企业的管理,一方面可以回答外界的疑问,即经历了 30 年的高速成长,中国企业创造出了哪些值得全球学习的管理经验;另一方面推动我们前瞻思考未来的管理课题,因为在完成学习和追赶之后,中国企业家需要探索"无人区"。

面向过去和面向未来,在这个关键时点,各有两方面课题值得仔细思考。

面向过去,华为的加速成长是最具中国特色也最有代表性的成长模式。它一方面体现了管理领域的"后发优势",管理者可以有选择地去学习借鉴西方大企业的制度和经验,比如华为在发展中期"削足适履"系统性学习 IBM 的管理制度和经验,另一方面是任正非在华为全面国际化之后倡导的"一杯咖啡吸收宇宙能量"和"一桶浆糊粘接世界智慧"的拿来主义,鼓励全员保持开放的心态和终身学习的状态。

面向未来,华为在管理上需要全新的思考和实践:一是如何管好 20 万知识工作者;二是如何管理好各种不确定性。

华为是中国最大的知识工作者的集群,而且是软件和硬件并举,研发、制造、营销与销售以及项目管理全部覆盖。如何管好 20 万知识工作者,这是摆在全球大企业面前的重要课题,微软、谷歌等全球巨头都面临同样的课题:如何激励? 如何塑造文化? 如何构建向心力？如何创造学习型组织？

中国有着丰富的管理劳动密集型超级工厂的经验，最突出的就是富士康。但管好 20 万知识工作者，华为才刚刚起步。

外部环境正在发生本质的改变，尤其是人工智能技术可能带来最大的变数。如果人工智能能够替代复杂的知识工作者，这对于华为意味着什么？比如，如果 AI 可以替代华为 20 万人中的 10 万人，结果会如何？这是一个非常值得研究的命题。对于华为，可能是研发、管理、组织的又一次变革，不仅仅是组织瘦身、降本增效那么简单，还需要去思考，到底哪些工作由人来做，哪些由机器来做，怎么围绕"人＋AI"来重构组织，对于被替代的 10 万员工，又应如何培训和转岗？

同样，华为也身处地缘政治板块冲突的第一线、中美科技战的第一线。华为作为一家全球化企业，面临外部的技术封锁，如何突破？如果未来全球市场需要选边，而华为只能做一边，那它还能成为一家全球的伟大公司么？在我与波兰前副总理格热沃日·科沃德科的对话中，他就反省波兰因为在"安全"上选边，放弃华为、选择价格更高而性能相对更差的电信服务商，这一决定并不明智。中国的跨国公司如何处理地缘政治难题，华为需要更多深水区的探索。

出海是中国制造加速成长的引擎

《出海》记录了过去 20 年联想通过跨国并购而加速成长的故事。*

时势造英雄，英雄也需能抓住时势。放眼全球，能够跨越 PC、互联网、移动互联网并与 AI 时代无缝衔接起来的高科技公司并不多，我们看到了不少倒下或者被收购的全球品牌，比如康柏、摩托罗拉。而联想做到了，不仅成为全球 PC 销量第一，而且能拥抱 AI 布局未来。就此而言，联想的出海经历是中国企业通过国际化迅速壮大的案例，也是用全球化撬动中国优势、中国能力，打造成为全球化企业的样本。在这一过程中，勇敢迈出跨国并购这一大步，加速了联想的成长与成熟。

可以从三方面理解跨国并购作为联想加速成长的引擎：为国际化管理人才的培养加速度，为企业的组织和制度变革加速度，为更好撬动中国优势加速度。

跨国并购加速了管理团队的国际化。联想并购 IBM PC 业务之

---

* 秦朔、刘利平：《出海：联想全球化 20 年实战方法论》，中信出版集团 2024 年 10 月版。

初就采用了高管"two in one box"（两人共担一个职位）的模式,中方高管做 IBM 职业经理人的副手,贴身学习。这种"学中干、干中学"的模式,一开始可能会让联想的高管感到落寞,却是国际化必要的一步。联想自己的高管从学英语起步,从学习开会沟通起步,跨越语言关和沟通文化模式差异的障碍,逐步积累管理国际化团队的能力,进而塑造了联想的"合金"文化。

跨国并购有助于借鉴并快速推行全球化公司的一整套成熟的制度和流程。华为之所以在联想刚出海的同期邀请几百名 IBM 的咨询师帮助华为"削足适履"做组织架构的改革,就是希望能够引入成熟的跨国公司框架,缩短自己探索的时间,降低试错的成本。联想在并购整合的过程中,从 IT 系统、会计合规、公司治理到 ESG,都可以对照成熟公司的一整套体系来学习、搬运、为我所用。

在全球视野内,并购整合的成功率并不高。为什么联想能够整合成功? 尤其是联想接手的是老牌全球化企业战略剥离的资产,不再具备竞争力的资产(IBM 的 PC 和 X86 服务器),或者是经营不善、竞争失利的公司(被谷歌收购却无法成功转型的摩托罗拉)。

首先是因为中国优势,在 2005 年前后就已经表现出来的中国制造的成本优势和规模优势,有助于整合之后降本增效。将 IBM 台式机的生产搬到中国,将摩托罗拉手机转为武汉制造,都带来了巨大的成本节约。联想自己在复盘时坦承:如果没有中国市场作为基本盘和制造基地,自己很难将这些跨国并购盘活。

其次是战略互补性使然。联想的业务出海,需要全球品牌与渠道,以及研发能力。

最后是联想对学习的渴求和强大的执行力,让它能够更好地发挥"拿来主义"。IBM经过上百年的发展,在组织、体系、流程方面都已经非常成熟,与此同时也存在业务运营僵化、不够高效的一面。相比之下,联想更年轻,运营能力极强。学习成熟的制度和流程,将老迈企业中僵化的部分剔除掉,积极引入联想的活力,几经磨合就有机会重新焕发生机。

不过,千万不要低估磨合的难度。

在《出海》中,联想集团董事长兼CEO杨元庆提出了中国企业出海最为关键的问题:如何在全球化运营的过程中治理和管理一家具有鲜明中国特色的国际化公司? 我想,提出这一问题本身就体现出联想成为一家全球化公司的野心和特质,也代表了中国率先成功出海企业的特质:它们并不满足于以西方为师,把自己打造成一家全球公司,而是更希望在完成制度建设和合规的前提下发挥中国特色,竞争致赢是关键。

从杨元庆的问题,可以延伸出两大课题,特别值得正在出海或者准备出海的企业家思考。

第一,究竟全球化的哪些经验是应该拿来主义的?《出海》给出了详尽的答案。在众多领域,出海不需要"摸着石头过河",在诸如制度、治理、ESG等领域,全球的规则基本上已经完备,管理也基本上有最佳实践,可以学习,需要合规。

不过拿来主义也有其局限。联想在一系列国际并购过程中低估了建设一个支撑全球化运营的 IT 系统的复杂、艰难和痛苦程度。这个教训也给所有出海企业都提了个醒:中国企业在并购海外资产时,千万不要低估 IT 系统在后续运营中的重要性及成本。

第二,全球化的过程中到底哪些是需要企业自己探索的？这是一个更为重要的问题。我们可以从联想并购、整合初期磨合中最主要的冲突看出这种探索的必要性和艰难。一边是西方职业经理人主导的以短期业绩考核为指挥棒的传统跨国公司管理模式,另一边是联想这家仍然保持了非常强烈的主人翁精神的、由企业家引领的对成长的积极追求。其核心差异是如何坚持长期主义,如何发挥中国优势。

联想在整合 IBM PC 业务初期引入了两位西方职业经理人担任 CEO。他们对并购整合和联想国际化作出不小的贡献,但也有明显的短板:"缺少立足长远可持续发展的竞争力建设,也没有关注技术创新和品牌建设。"这是职业经理人无法带领欧美传统高科技企业走向复兴的主要原因。

同样,设计出经典的 IBM ThinkPad 的日本大和实验室对比了 IBM 和联想的不同之处:IBM 对于很难实现产品化、商业化的想法通常不愿意继续投入,但联想愿意承担成本风险,愿意冒风险让开发人员做下去。

到底应该如何学习联想的出海经验？有四点值得中国企业家借鉴。

首先,文化融合和沟通,管理文化冲突。虽然 AI 会让翻译变得便捷得多,但以英语作为公司的工作语言,建立国际化多元的管理团队,是出海的第一步。跨文化和跨区域的沟通,马虎不得。

其次,全球化的治理架构和规则意识。跨国公司在全球投资和贸易中形成一系列成熟的制度和规则,也有一整套全球化的治理架构。联想出海最重要的经验是搭建起国际化的全球治理架构,并且成立由背景多元的全球管理团队组成的联想执行委员会(LEC)、所有重大决策由 LEC 成员充分讨论的机制。

合规在全球化运营中至关重要。比如联想特别重视专利,因为专利在全球高科技企业之间的攻防战中扮演重要角色。在懂得规则的基础上,进取的跨国公司需要定义产品,创建新规则。

再次,如何将自己的优势输出到全球,又如何做到因地制宜?联想的 PC 业务在中国市场的运营能力极强,依托中国市场的优势,才能在成功整合 IBM PC 业务的基础上,达成消费电脑业务全球第一的目标。因地制宜同样重要。联想开发日本这一全球第三大 PC 市场,选择合资而不是并购的方式,与传统日本 PC 厂商合作,走出一条共赢的路。

当然,最值得准备出海企业牢记的是,出海并不是从一个胜利走向另一个胜利的历史,充满了教训和坑。

在对并购整合摩托罗手机业务进行复盘时,联想就坦陈自己的失误:没能及时形成统一的团队、产品组合、品牌和文化,不像 PC 业务那样,已经建立起中国市场这个坚实的大本营,也没有像 PC 业务那样,已经拥有成功的业务模式、业界领先的盈利能力,以及丰富的人才储备。

最后回到时和势。如今中国企业出海与20年联想出海的时势有所不同,结合联想的经验与当下的大势,给中国出海企业提供三点建议。

第一,进入特朗普2.0时代,全球大势有可能退回到贸易保护主义盛行的时代,出海是中国制造规避关税大棒的战术选择。换句话说,中国需要加速推动从贸易立国向出海立国的转型。不仅是制造业,更多中国企业出海需要一些实操性的借鉴,《出海》这本书给出了非常具体的案例和建议,相信会给出海的中国企业提供不少启发。

第二,全球供应链正在发生本质的变化。一边是贸易保护主义抬头推动中国制造必须出海;另一边是产业分工的颗粒度越来越小,超级工厂模式正在逐渐转变为分布式制造的模式,有韧性的全球供应链成为新的共识。这就需要中国企业构建全新的供应链世界观,将全球能力节点化,具备重新组合的灵活度。

如何将中国制造能力有效向外输出,同时增加灵活度?联想推出的母本工厂模式就是一种有效手段。母本工厂率先应用最先进技术,形成可复制、可推广的方案,孵化创新理念和创新产品。同样,联想墨西哥工厂生产线可以应对关税变化,随时启动,扩充产能,这也是供应链韧性的体现。

第三,全面拥抱AI带来的全新机遇,这是联想的最新策略,也是所有中国高科技企业必须拥抱的点。

每一次重大的技术变革,每一次重大的地缘政治挑战,都是企业发展的机遇期,PC时代Wintel联盟的不同境遇就是最好的诠释:有的能蓬勃中兴,比如紧紧抓住云计算和AI变革势能的微软;有的则蹒跚掉队,比如错失了移动芯片和AI芯片大潮的英特尔。学习如何成为一家全球企业,践行一家全球企业需要的制度、规则、合规、组织、文化、信任,这些都是在全球市场上竞争的基础,是"入场券"。最终,竞争的成败取决于战略前瞻、执行力和创新能力。

打好基础,是为了赢得下一场战役。出海20年后,联想"渴望着下一场战役"。这才是出海的本质——在全方位的全球竞争中取得胜利。

从颠覆者到影响力"素王",马斯克能用他的商业逻辑改变美国么?

2024 年 11 月,特朗普取得历史性胜利,成为美国历史上第二位选举失败下台后东山再起的总统,马斯克功不可没。马斯克选择豪赌(all-in)特朗普选战,总捐款超过 1.7 亿美元,在自己拥有的 X 平台和各种播客平台上为特朗普摇旗呐喊,也因为特朗普的胜利而收获颇丰。作为商人的马斯克已经在出行、航天、通讯、社交媒体等多个方面拥有全球影响力,这一次他将把这一影响力扩展到政治领域,在特朗普 2.0 政府中扮演"改革沙皇"的角色。

他到底会带来什么样的改变,又会遇到什么样的阻力? 他能用自己特有的创新和颠覆的商业逻辑给美国官僚机构以必要的改革么?

我们如果比较一下马斯克在 SpaceX 和推特/X 两家公司的成就,大致可以了解一些端倪。

简言之,在 SpaceX,他是不折不扣的创新者,有着远大的理想——殖民火星,又能够将这一远大的理想分解成当下非常具体的目标,不断推动团队"超额"完成任务。在这一过程中,他需要与美国政府机构航空航天局(NASA)打交道,需要与在航天业耕耘了几十年利益盘根错节的巨头如波音或者洛克希德·马丁公司等大公司竞争。换句话说,这不仅仅是马斯克一个人或者 SpaceX 一家公司在狂奔,他们还得学会如何改变政府和监管机构的态度,在成本和效率上超越在位者的竞争对手。

相比之下,马斯克过去两年对推特/X 的掌控,外界的评价却是好坏参半,有人认为他给长年缺乏创新的推特带去了必要的纪律,更多人指责他把这个公共舆论的社交媒体平台打造成了自己和朋友的扩声器。

马斯克之所以希望掌控推特,有三个原因。

第一,他可以。440 亿美元收购推特,这是此前只有五百强大企业或者华尔街的对冲基金才能完成的超大项目,马斯克以一己之力完成(当然也有他身边不少支持者的资金加持),因为他可以,因为在 2021 年特斯拉市值超过 1 万亿美元,让马斯克成为全球首富。

第二,因为契合。马斯克本身就是"注意力商人",推特是他最重要的发声平台。因为他是推特上的"大 V",特斯拉和 SpaceX 基本上都不用做广告,只需要马斯克自己发声就可以了。在 2018 年特斯拉 Model 3 产量爬坡、面临 6 个月的"生产地狱"时,马斯克一边吃住在工厂,现场指挥扩大产能,一边在推特上熬夜同唱空与做空特斯拉的人隔空相怼。从某种意义上说,推特部分成就了马斯克,当然马斯克也是推特影响力的缔造者之一。作为推特的重度用户,马斯克有足够的自信,自己作为超级"大 V"的经验让他有能力推动推特的改革和创新。这样的自信,与马斯克改变出行和航天业如出一辙。

第三,因为他看到了推特作为影响力平台的潜力。2020 年特朗普被推特禁言,再次凸显推特作为政治影响力平台的重要性。2022 年马斯克收购推特,两年之后看来,这或许是特朗普能够当选的一个重要基石。

过去 20 年,高科技的变化推动了传播媒介的变化,在美国总统大选中最能凸显。

2008 年奥巴马是第一位高效利用互联网筹款的总统候选人,他利用自己政治新鲜人的形象和推动改变的口号,吸引了大量年轻选民的支持,并推动他们在互联网上小额捐款,为自己筹措了海量竞选资金。

2016 年特朗普爆冷击败希拉里,以 Facebook 为代表的社交媒体扮演重要角色。特朗普团队利用 Facebook 的算法优势,向自己潜在支持者有针对性地传播咨询(包括假新闻和假消息)。

2024 年特朗普大胜哈里斯,部分原因是以播客为代表的去中心化媒体超越传统媒体,成为影响选民尤其是年轻男性选民最主要的平台。大选前几周,特朗普、副总统候选人 J.D.万斯和马斯克接连上了全美最具影响力的乔·罗根(Joe Rogan)的播客,罗根本人在大选前两天宣布支持特朗普。特朗普在乔·罗根的播客上一聊就是 3 小时,极大拉近了与选民的距离。这些播客的传播就与推特改名后的 X 息息相关,可以说 X 帮助这些美国"自媒体"扩大影响力,更不用说马斯克自己也在选战中专门在 X 上对话特朗普。

换句话说,2024 年被证明是去中心化、去机构化的自媒体抢镜传统媒体的一年,马斯克在这一过程中推波助澜,恰恰因为 X 作为最为重要的观念和资讯传播平台,已经完全掌握在马斯克手中。与 8 年前 Facebook 被特朗普团队"利用"不同。这次 X 可以说成了马斯克豪赌特朗普的鼓噪机器:他可以看到后台海量数据,研判 X 用户的政治倾向;他可以扭曲算法,让自己(支持特朗普)的帖子有更多曝光和浏览量。

对比马斯克推动 SpaceX 发展与收购推特的不同经验,让我们可以预演他成为"改革沙皇"后的三大挑战:创新与停滞的文化冲突、能否建立推动改变的共识,以及如何应对他的个人商业利益冲突、政治倾向与性格缺陷带来的难题。

马斯克与推特的文化冲突,将是改革官僚机构的预演

我们可以用企业文化图谱的思维框架来比较之前的推特和马斯克重塑而成的 X。

文化图谱由 7 张六边形色块组成,自下而上分别为紫色,代表专断的领导者;红色,代表狼性的集体斗志;蓝色,代表秩序和规则;橙色,代表个人成就驱动;绿色,代表多元与和谐;黄色,代表极客文化;以及水蓝色,代表动态有机体。

我们可以对比一下推特和 X 的文化图谱。

先来看看马斯克系企业的文化图谱。

首先是强大的紫色,因为有强大的创始人,马斯克是带给特斯拉和 SpaceX 方向和改变最主要的推动者,也是这两家公司核心的产品经理,塑造了两家公司的文化:节约、没命干活,但又有超乎金钱激励的使命感——SpaceX 是为了征服火星,特斯拉则是为了应对气候变暖,让 AI 技术改变人类的出行和人类的未来生活。马斯克喜欢用对自己忠诚的人,信任早年跟自己打拼的人,也不排斥裙带关系,比如重用两位比自己年轻许多的堂弟。

其次是强大的红色。SpaceX 和特斯拉都有强大的狼性,一直把生存和竞争放在第一位,马斯克多次担心自己的企业会死掉。虽然这两家公司都在玩正和游戏,都是行业外野蛮人的角色,也都在不断做大产业,但它们对传统竞争对手和在位者的打击是巨大的。

公司只有弱小的蓝色。SpaceX 和特斯拉最大的特点是灵活、决策快,因为任何重大决定都不需要委员会进行冗长的讨论,只需要马斯克一个人拍板。虽然也有一定的规则、制度和流程,也有 CEO 和 COO 的角色,会给公司带来一定的秩序,但马斯克打破流程和秩序的习惯恰恰是公司动力的源泉。

中等的橙色可以很好地描述马斯克旗下企业员工的状态。为什么要加入 SpaceX 和特斯拉?很大程度是为了改变。很多人觉得传统在位者,无论是波音还是通用汽车,都太循规蹈矩,没有创新,缺乏变革。SpaceX和特斯拉帮助他们重新找到目标和工作的意义。当然也有许多年轻人因为崇拜马斯克而加入。但在马斯克旗下公司干活并不是一件容易的事情，这两家公司可以说是全美最"996"的公司，与硅谷大多数企业的文化迥异。许多人很难在劳动压力太大的环境中待太久，容易被耗尽（burn out）。但是他们心里清楚，在马斯克公司工作就是一种"加速成长"的状态。一旦选择离开，在就业市场上一定是香饽饽，更不用说这两家公司给出的优厚期权，只要能坚持，也一定能带来不少财务回报。

这里几乎没有绿色，这是马斯克公司与硅谷大厂最大的区别。而推特和其他硅谷大厂一样，以和谐和多元的绿色为荣。我们可以看看推特的绿色涵盖了哪些：全天提供免费食物的餐厅，免费的手冲咖啡，无论男女最多可以休五六周的产假。要知道，硅谷公司大多数"码农"是男生，每个月都有充电日，可以自己安排事情做，也可以给自己放假。

相比之下，马斯克的公司文化是斯巴达式的，能省就省。他的团队第一次到推特的办公室，看到餐厅里满满的食物，惊讶不已。

接下来是中上等的黄色，这一点与硅谷大多数公司的极客文化相通。SpaceX和特斯拉都要花大把的精力和时间去解决工程问题，探索创新与突破，也都是聪明人扎堆的地方。马斯克本人就是一位充满好奇心和乐意探索未知的人，所以能吸引到一群有想法、有创意、敢于拼搏的工程师加入自己的团队，虽然并不是所有人都能够留下来，也不是所有人都能够在这样的环境中谋得发展。而且，恰恰因为马斯克的专断——他对自己作为产品经理的角色十分自信——他的大局观反而有助于平衡很多黄色模因很高的员工过度专注于细节、看不到大局的问题。

最后只有一丝淡淡的水蓝色。水蓝色将世界视为复杂有机体，马斯克能够理解这个世界的复杂和相互交互，但绝对不会让自己的组织变成自组织的有机体。即使他需要跨界管理许多行业，他仍然只会在有限程度下放权。

相比之下，推特的文化图谱很不一样。

小紫，意味着这家公司几乎没有太多创始人的基因，这是推特长期增长停滞的主要原因。长期担任推特首席执行官的多西即使是联合创始人，因为大多数时间在管理自己的另一家公司，对推特放任不管太久，没有给它留下特别好的文化基石。

小红，意味着这并不是一家有着生存危机的公司。社交媒体是眼球经济，每年有 50 亿美元的销售额，股东对公司盈利的压力并不大，改变的动力也就很小。

中蓝，意味着停滞。这是一家早就按部就班的公司，有制度，有流程，但作为一家成立并不算久的高科技公司，它显然过早地进入滞胀的阶段，发展停滞，内部管理膨胀，创新和改革缓慢。

中橙，作为社交媒体公司，推特几乎可以说是"码农＋广告销售"的公司，而两者都是竞争激烈且野心勃勃的人。

高绿是推特的特点，也是硅谷企业共通的特点，他们需要吸引甚至迎合能力强大的知识工作者。但这种高绿也被马斯克不断诟病,认为这是推特效率不高、人浮于事、发展缓慢等诸多问题的病因。疫情期间推特最早实行全员在家远程上班,疫情得以控制之后也不要求员工回来,以至于马斯克曾经发推问粉丝,把推特在旧金山市区的办公室改成贫民庇护所是不是更好,反正办公室里也没有人。

中黄,显然推特也吸引了一批有自驱力、有创造性的年轻人,但他们的自由基因是在最自由的广场最自由的一角,政治光谱有明显的选择性。相比之下,马斯克对于自由的定义更加绝对:每个人都有发声的权力,不愿意看到发言被审核。

中水蓝色,推特没有专断的老板,有着比较自由自主的氛围,但这样的水蓝色也可能演变成没人负责的散漫。

对比一下推特和马斯克的公司,不难发现,两者存在着巨大的文化冲突,马斯克将推特改名为 X,不仅仅是改名字,更是彻头彻尾地用自己的文化——专断的老板、无时不在的生存压力、"996"的工作环境、创新解决问题、不养懒人——来改造推特。

马斯克对推特的改造之所以褒贬不一,主要原因是他犯了三个错:

第一,是外行领导内行。马斯克经常能外行领导内行,因为他有极高的学习能力,对自己关注的行业,无论是电动车还是火箭,都会下大功夫钻研。但在收购推特上,他高估了自己对社交媒体的理解,以为自己是"大 V",自己是重度使用者,自己对改革推特、创新转型就有发言权,就可以胜任推特的产品经理。

第二,马斯克管理推特时暴露出诸多人格缺陷。在推特上的马斯克迥异于其他状态下的马斯克。这是一个他对外表达的广场,在推特上,马斯克展现出很强的控制欲和占有欲,非常容易冲动,也有极强的虚荣心。在推特,他顶多是注意力商人,不再是拥抱风险、能问出好问题并引导团队解决问题的工程师。

第三,缺乏向心力,没有可以激励推特员工的愿景。之所以SpaceX和特斯拉的"马家军"愿意跟着马斯克"996",除了他给出优厚的期权之外,马斯克提出的长期目标能够激励团队是重要原因。收购推特两年,马斯克并没能提出任何振奋人心的目标,团队见证的只是一连串并不成功的尝试。

但马斯克的确成功完成了推特的瘦身。收购一完成,马斯克派出自己最精干的心腹,挥舞起裁员的大棒,直接砍掉50%的员工。接着又执行忠诚计划,再瘦身30%。在这一过程中,马斯克亲自下场推动零基础预算,挖出了推特不少管理问题:云计算浪费,每年花费上亿美元采购亚马逊的云服务,却又用类似价钱采购了谷歌的服务;每年花2 000万美元确保自己的网站不被盗用(一直没有合理的理由);使用一家软件公司的服务,买了1.5万个账号,但推特在最臃肿的时候也才8 000个员工……

对推特的改造远没有达到马斯克的预期,却留下了深刻的"马氏"文化基因。这一改造几乎可以被看作马斯克作为"改革沙皇"未来对美国官僚机构改革的预演。这种预演到底有多少胜算?会不会烂尾?

SpaceX、NASA 与波音的文化冲突与融合

同样,我们可以用文化图谱来分析一下 NASA 的文化,以及问题频出的波音公司的文化。

NASA 有强大的蓝色,强调秩序和流程。航天产业充满了危险。既冒险,又需要减少风险,就必须建立充分的冗余,甚至过量的冗余。流程、先例,在 NASA 眼中自然是无法撼动的。一个机构里如果蓝色过多了就会出问题:先例会成为制约创新的束缚,过度强调航天产业自己的特殊标准,就可能变得闭塞,不会利用民用科技的发展来降低成本,还可能培养出波音这样的既得利益公司。

所幸 NASA 并不缺乏创新的基因,它还有中等的黄色,毕竟这是一个科学家和工程师扎堆的地方,还会不断希望寻求突破。此外,因为不是企业,NASA 文化中创始人和明星职业经理人所具有的紫色、红色和橙色都很少。

反过来再看波音。737 MAX 出现重大失误,暴露出波音的一系列问题:用管理沃尔玛的方式造飞机,因为短视而忽视战略问题,"监管捕获"给自己开绿灯,股东利益最大化扭曲成"自肥"的资本主义。

相应的,波音的文化图谱会是这样:

巨大的蓝色,这也是大公司的通病,官僚体系,缺乏灵活度,按

部就班。淡淡的红色和紫色,因为它的创始基因——工程师基因(安全和有效第一,不计成本)——被严重稀释,被盈利的追求所替代。

虽然都强调节约成本,但如果对比波音和 SpaceX,会发现两者有着本质的不同。波音节约成本是为了有更高的盈利,提升股价表现。马斯克不断削减成本,因为这是 SpaceX 在航天业立足的核心竞争力,也是实现殖民火星长期目标的基石。没有便宜可重复使用的火箭,就不可能有更高远的太空探索。

除此之外,两者工程师心态的差别也决定了 SpaceX 有动力去不断通过创新节约成本。传统火箭工程师是不需要考虑成本的,他们在政府订单成本加成(cost-plus)的工作环境中,只需要找到最好的供应商、满足 NASA 严格的要求即可。但 SpaceX 的工程师不行,他们的第一信条是节约,是成本。比如在龙飞船上要添加一个冷冻仓门闩的搭扣,航天级别的要上千美元,工程师直接找 NASCAR 的安全带供应商谈,节约了 90% 成本。

我们从 SpaceX、波音和 NASA 的三角关系中可以看到马斯克旗下公司作为颠覆者与在位者和官僚机构的三方博弈。

SpaceX 和波音在 2010 年 NASA 招标下一代载人飞船的对决,恰好是颠覆者挑战在位者的对决。NASA 在招标过程中考核三个要点:价格、设计、可靠度。波音的报价是 42 亿美元,SpaceX 的报价则整整便宜了六成。最终,在设计和可靠度上,波音以微略优势战胜 SpaceX(91 比 88),但因为价格占了 50% 的考虑权重,按常理,NASA 应该直接选择 SpaceX。

有意思的是,在 NASA 最后召开由全美载人航空界最有影响力的人组成的载人航空委员会的会议上探讨两个标的的时候,几乎所有人都毋庸置疑地投票给波音。这些人都是航天飞机时代功勋卓越的人,许多是自身宇航员,他们投票给波音,原因无他:波音熟悉、稳定、不会让他们担心出任何问题。

这里就凸显了官僚机构的两个问题:第一个是委员会决策,另一个是内部人视角。委员会决策常常会决而不策,或者过于保守。内部人视角则会因为倾向于熟悉和信赖,不愿意在挑战者身上冒险。

马斯克团队中也有政府采购背景的前任官员,他们就提出质疑:美国国防部在讨论任何采购案时,会不会选择一个报价比对方高出六成的提案?答案是不可能。在双方斡旋之下,NASA 决定"和稀泥",让波音与 SpaceX 一同开发下一代载人飞船,理由是竞争虽然有点浪费,但会带来真正的突破。这展现出官僚机构的第三个问题:在利益的拉扯之下不断地妥协。

在研发新飞船的过程中,SpaceX 也逐渐掌握了一些与 NASA 沟通的技巧。

首先,建立信任。信任建立在交流和沟通的基础上,宇航员对 NASA 决策起到至关重要的作用,SpaceX 对最终用户宇航员十分殷勤,经常邀请宇航员来公司参观,了解飞船发展进度,同时也不忘邀请他们试驾一下特斯拉——别忘了在 10 年前特斯拉可是特别新鲜的玩意儿。

其次,不断努力打破常规。SpaceX 龙飞船的飞行测试,本来预计 3 次,第一次升空,第二次贴近空间站,第三次对接。但由于开发时间滞后,SpaceX 团队希望把第二次和第三次试飞合并起来,龙飞船采用自动驾驶领域常用的 Lidar 测距技术,而这一技术的日益成熟,NASA 的官员几经考虑也同意了。

最后,推动监管者拥抱一定的冒险精神、一定的担当、一定的决策魄力。为了设计重复使用的火箭,SpaceX 选择超低温液氧作为氧化剂,液氧温度越低,密度越高,火箭可装载的容量也就越高,可以在不减少有效载荷的情况下,留下一部分燃料作为重返地球落地所需要的制动燃料。

但超低温液氧的问题也不少,会随着环境迅速升温,这就需要 SpaceX 改变传统的发射节奏,先让宇航员进入飞船,再注入燃料,尽量缩短燃料暴露在常温的时间。这与 NASA 的传统不符,毕竟 NASA 的第一要义是保护宇航员的生命安全,先加燃料后登人,这是一直延续的传统和规矩。但马斯克对此非常执着,最终 SpaceX 依赖自己连续 50 次高频成功发射猎鹰 9 号火箭无事故的纪录,才真正赢得了 NASA 的认可,改变先例。

从 SpaceX、NASA 与波音三者的博弈中不难看出,颠覆者想要取代在位者,在充分竞争的商场上尚且不易,在政府控制的领域更难。但也不是毫无机会。SpaceX 最大的优势是创新带来的成本优势,它在与政府机构的沟通过程中也能够在创新领域产生共鸣,懂得如何塑造自信,然后再利用自己成功的经历来不断推动政府打破传统、拥抱风险。

马斯克能重塑官僚组织么？

从 SpaceX 身上，我们深刻了解了马斯克的三点管理哲学。

第一，所有马斯克创建或者收购的公司，他都是推动变革的幕后推手。这种推动变革背后既考虑到短期必要的改变，又能同时保持长期的战略定力，能够以终为始地从大局入手，同时用自己的愿景来影响和激励更多人（推特是例外）。这让马斯克能够不断提出貌似难以实现的目标，却最终能够让团队创造出圈内人难以企及的成就。

第二，马斯克带来的改变源自他的外部视角和冒险精神。他要求团队质疑各种要求，所有规定都需要找到具体的制定者。没有具体制定者的规定，先废除再说。他为企业瘦身所做的减法经常要做到过犹不及，做到"伤筋动骨"之后再修正。

第三，马斯克既是所有企业的灵魂人物，也有可能是所有企业的挑战所在。他的工作狂（每天工作到凌晨两三点）、拥有的专注度、提出的穿透性的问题、能动用的资源、能将愿景转化成为当下解决问题的清晰思路，都无人可及。但同样，他也有不小的缺陷，情绪化且专断，在他身边工作的人，距离他越近，"伴君如伴虎"，风险就越高，很难坚持长久。

这样的管理哲学能简单套用到改革美国官僚机构的过程中么？

我想马斯克会面临三大挑战。

一是从最为现实的角度来讲,马斯克没有足够的权威推行大刀阔斧的政策。政府不是他可以独断专行的地方,不像他收购的推特。他不可能随意裁员,不可能随意修改任何一条法规和政策,也不可能带入一批来自企业的贴身幕僚去推动改革。

二是马斯克本人的问题。在推动政府改革的问题上,他有利益冲突。从并购X的案例中,我们也能明确看到他的短板。他对于并不真正熟悉的领域,可能因为成功而自大。对于工程问题,马斯克具有极强的洞察力,但面对复杂得多的政府政策议题、人事难题,马斯克不具备任何优势。他"996"的工作方式已经证明在推特并不适用。此外,他已经是一位超限度的CEO,能否有足够的时间和精力投入政府改革,也是个大问题。

当然,最致命的是,他不会有足够长的时间去推动改变。马斯克有多少时间取决于他与特朗普的"蜜月"能持续多久。实现改革的目标需要时间。SpaceX和特斯拉都经历过超过10年的漫长成长期,在这一过程中险象环生。

但这并不意味着马斯克作为"改革沙皇"注定失败。从与NASA的合作经验中不难发现,他其实可以在创新和效率两方面带来深远的改变:

一方面,他可以把创新的成本控制带入官僚机构,让官僚机构在政府采购等方面可以更快地利用大众领域内的创新,打破既得利益的垄断,鼓励更多像SpaceX这样的颠覆性创新公司崛起。

另一方面,他可以改变政府的循规蹈矩,为政府决策增加一些冒险精神,减少"委员会"决策带来的弊端。

回到文化图谱。马斯克如果希望用自己公司的文化改造联邦机构,那注定是一场失败的尝试。但如果他把目标收窄一些,能为政府带来一点应对竞争的红色、创新解决问题的黄色,减少一些按部就班的蓝色,就已经非常可观了。

后工业时代的企业家贴士集

《人生法则》(*The Diary of a CEO*)是一本后工业时代的企业家贴士集。*

时代正在剧变,优秀的企业家需要学习和践行一系列新的常识,这些常识在传统的管理思维与战略思考之外,需要他们思考全新的修身、做事和面对客户的方式。

三件事值得我们深入思考,也正在打破管理的边界:一是企业家"网红"破圈;二是理解客户的情绪价值;三是在加速变化的时代,在快速迭代的时代,形成全新的失败观。

企业家下场做"网红",国内流量明星的代表是雷军和周鸿祎,海外的注意力商人无疑是马斯克。但真正意义上的"网红"并不是一味地曝光、追求噱头,或者简单地出圈,而是个性化的传播和有深度的表达。

我们传统理解的"网红"出圈是让企业家成为企业的代言人,就好像马斯克在特斯拉和 SpaceX 发展的早期根本不做广告,也没有市

---

* Steven Bartlett, *The Diary of a CEO*: *The 33 Laws of Business and Life*, Portfolio, 2023.8.

场推广的预算,全凭马斯克在推特上发言吸引眼球。换句话说,即靠企业家的出位吸引流量。

2024 年的美国大选,很多人认为是播客帮助特朗普赢得胜利。播客,归根结底是一种全新的个性化的传播模式。特朗普在最后一周上的乔·罗根的播客,播放量是 CNN 的 20 倍。阿里的蔡崇信上了挪威主权财富基金的首席执行官尼古拉·坦根(Nicolai Tangen)的播客 In Good Company(这里有谐音梗的意思,字面意思是良友为伴,又可以翻译成进入好公司,体现了投资人对话优秀公司 CEO 的意思),深度分享内容引发国内外热议,也体现了传播价值。

《人生法则》的作者史蒂文·巴特利特(Steven Bartlett)是成功的 CEO,也是播客"CEO 日记"(The Diary of a CEO)的主理人,算是这一波"网红"出圈潮流的深度参与者。

新时代给 CEO 的要求从"知行合一"跃升到了"说行合一",不只是行动符合认知,还要能很好地对外表述自己的想法,讲述公司的故事,让更多人理解自己、理解公司,增加自己的感染力和影响力。

"说行合一"强调在行动中思考:想要学习某事,阅读相关资料;想要理解某事,撰写相关文章;想要精通某事,教会别人。

在人人皆媒的时代,说行合一不仅要迈出出圈蹭流量的第一步,而且要在参与和互动中创造新价值。吸引眼球很重要,更重要的是讲清楚,在参与讨论的过程中提升自己的能力。出圈,为的是提升自己的能力圈。

理解客户同样重要。眼球经济时代,理解客户需要行为学、心理学和设计思维的结合。

一家新开的健身房有 10 米高的巨大攀岩墙,虽然真没多少人用,但足够吸引眼球,作为宣传足够吸引人,让人记住。特斯拉也特别会制造噱头来吸引人,比如说早期曾经宣传车内安全可以抵御生化危机,当然不会有多少人会担心生化危机,但还是拉满噱头。

巴特利特认为,荒谬是比实用更好的宣传:你最荒谬的一面,道尽关于你的一切。YouTube 上的大 V "Mr. Beast"可以说是最会利用荒谬吸睛的创作者,他早期比较火的一期节目是打优步穿越美国,总共打车 2 256 英里,创造了吉尼斯纪录。另一期节目是给比萨外卖员 10 万美元小费。夸张、荒谬,是制造话题最好的方式。

另一个极端则是给消费者以透明度,疏解消费者不确定的焦虑。类似的案例非常多。相对于宣布飞机晚点,明确告知晚点 50 分钟要让候机的旅客安心得多。同样,为了增强用户的"体验感",外卖公司会让你看到配餐的轨迹,用信息透明来抵消用户的等待烦闷。

怎么把戏剧性(夸张)与透明度结合?日本"新干线七分钟剧场"是一个经典案例。在繁忙的东京站,一台新干线列车整个停留时间只有 10 分钟,扣除旅客上下车的时间,只有 7 分钟时间打扫。乘客普遍担心时间太短,打扫不干净。负责清洁的公司干脆让清洁工穿着显眼的鲜红色的夹克,"表演自己的清洁工作"。这种"表演"有夸张的元素,将工作放大呈现在乘客面前,不仅让乘客放心,也赢得了乘客的尊重。

从另一方面来看,"新干线七分钟剧场"是将用户心理学和设计思维融合的绝佳案例,推动企业家去思考到底哪些细节的设计可以打动和影响用户。

从 CEO"网红"和戏剧化吸引用户这两个案例不难看出,在快速变化、信息过载的世界,企业需要想办法吸引用户的眼球,并在此基础上占领用户的心智。将注意力转化成为对企业的认知和认同,并不容易,需要不断尝试新媒介、新工具,不断试错,这也就需要企业家改变对失败的态度。

《人生法则》中对比了一对父子两个团队的不同做法。父亲团队中规中矩,避免犯错;儿子则率领同事大胆尝试,拥抱新事物,不断犯错。结果儿子的业绩几倍于老爸。在剧变的时代,想要成功,需要改变对失败的态度:若想提升你的成功率,就把失败率加倍。

优秀的公司一直珍惜试错所积累的经验。长期担任 IBM 公司 CEO 的沃森对待失败就有独到见解。下属搞砸了,同僚认为应该炒鱿鱼,沃森的回答很特别:我才不呢,我刚花了 60 万美元培训他,为什么要让别人应用他的经验?沃森比大多数领导者都知道好的失败的意义:失败即反馈,反馈即知识,知识即金钱。古语说,吃一堑、长一智,古今中外皆然。

形成正确对待失败的态度,也需要进阶。敢于试错是第一步,看到失败的价值是第二步。老虎伍兹的经验则是第三步。在他几乎功成名就之后,却选择花费大量时间纠正自己击球的细微动作,短期内排名不断下降。外人都很难理解。但伍兹很清楚自己在做什么：今日的小疏忽也许是明日的大患。任由小错误积累而不及时改变，就可能"千里之堤，溃于蚁穴"。

第四步又回到企业家的修养，是让一群不如自己只会溜须拍马的人留在身边，还是能吸引一群在专业领域比自己更牛、想法也可能跟自己不一样的人？换句话说，是应该唯我独尊，还是能听得进不同的想法？优秀的领导者不断提醒企业家，不要害怕冲突，不要害怕不同想法，要珍惜比自己更聪明、更有能力的人。美国前总统奥巴马就说过：要自信地让比你聪明或持不同意见的人在你周围。

最后一步，企业家需要能经受住成功的考验：成功也容易让人失焦，因为机会、选择和能力的增加。

企业家提升修养是一个不断重复又不断进阶的过程。全球首富马斯克进军政界，在特朗普第二个任期中担任效率部（DOGE）的部长，立下了为美国政府预算瘦身2万亿美元的豪言壮语。

很多人质疑，管理能否跨界？其实这不是一个跨界的问题，而是一个如何应对官僚主义的问题。企业家需要不断打破组织中的官僚倾向，因为组织里每位管理者都会建立起自己的次文化，而官僚机构也一直在维持现状，即使现状已经不合时宜。

时移世易，企业家需要勇立潮头！

论管理者的"度"的修炼

原中国化工集团董事长宁高宁是杰克·韦尔奇的拥趸,韦尔奇相信多元化有助于开阔眼界,锻炼队伍,快速成长,也相信不同产业之间底层管理逻辑的相通性。而他本人相继执掌华润、中粮和中化这三家大国企,也是跨界历练成功的管理者。

然而自从韦尔奇在世纪初卸任通用电气(GE)的 CEO 之后,GE 跨行业产业集团公司的模式也不再被华尔街待见,主要原因是 GE 后续发展的乏力。资本市场认为集团企业分拆有助于创造更多股东价值,GE 按照行业分拆成航空、能源和医疗三家公司之后,在资本市场上获得更多认可。

并购还是分拆,不同时期,管理者会给出不同的答案,关键在于"度"。GE 的问题其实在韦尔奇的后任伊梅尔特身上发酵,过于集权的官僚化遏制了内部创新,韦尔奇自己出差排场巨人,要两家私人飞机,以防一架飞机出故障,耽搁自己的行程,足见骄娇之气盛行。相反,并购整合,多元化锻炼队伍,考验的是企业管理者对战略趋势的洞察,以及培养干部轮岗历练的能力。

从华润到中粮再到中化,宁高宁的职业生涯从大消费到大宗商品,再到化工科研,行业跨度很大。他很珍惜这种多样性,认为人生最珍贵的是时间带来的经历,尤其是丰富、广阔和深刻的体验和认知。他也强调,一个领导者如果眼界足够宽,就能更好地排列组合,找到串联业务的核心转手,也能更好找到不同业务底层管理的相通之处。

宁高宁管理的3家企业,貌似在不同行业,却有类似的出身,它们都是从国际贸易公司转型而来。贸易公司的短板是转向有较大实际资产的生产经营性企业都难,对管理产业链各个环节的复杂性没有准备;长处是国际贸易带来的相对早的国际化外向型思维和开放意识,这对它们的转型发展都起到积极作用。

取长补短,提升认知,找准定位,宁高宁在推动每家企业的转型过程中形成了一套分析和形成战略的思路。

华润的思路是建立消费品品牌,比如雪花啤酒。宁高宁认为,品牌消费品这个行业进入投资成本低,但想要在市场上站住,其要求的努力和成本比修建一座电厂或一条隧道大很多。这一认知塑造了华润向内地发展的"大消费"战略,即建立长久业务模式,与中国经济一起成长。

中粮核心业务逻辑是为了确保中国的粮食安全。要做到这一点,就需要平衡全球粮食供需。全球粮食供需格局很清楚:东半球(旧世界)有近70%的人口,但仅有不到30%的耕地,而西半球(新世界)带来了丰富的农产品。中国经济增长带动中国粮食需求的增长和升级,这让宁高宁深刻意识到,中粮成长为一家国际化网络全产业链经营的公司才有价值。这一战略通过并购两家海外企业尼德拉和来宝来实现，帮助中粮实现了成为 ABCD 之外的全球大粮商的战略目标。在这一过程中，宁高宁还增加了一条思路，即让国际资本为中粮抬轿子，符合中粮的战略发展，让中粮成为战略整合的受益者。

中化的战略转型则是通过并购先正达来实现。430 亿美元并购先正达并不容易，这一过程又增加了中化集团和中国化工这两家大央企的整合。问题千头万绪，但宁高宁抓住了核心，即先正达虽然被中化集团并购，但反过来几乎定义了全新中化集团的战略，因为它的珍贵之处在于其技术与核心能力。以并购推动转型，宁高宁为新中化提出"科技至上"的目标，明确了中化要成为拥有核心技术大企业的战略。

不同行业底层管理的共通性是什么？这种相通性背后其实是一种对度的把握，也就是取舍思维，悖论思维。这种度，宁高宁自己总结为：小与大的关系，变与不变的关系，普遍的规律与特殊的规律。他在书中写道："人的心境有时要大，大可以去尝试从未有过的事业；但有时要小，把自己看得小，可以脚踏实地，不好高骛远。"

不断学习与思考，珍惜跨界历练的机会，打开格局提升认知，才能真正做到因时而变，对度的把握炉火纯青，我想这是宁高宁新书《三生万物》给企业家最重要的价值。*

---

　*　宁高宁：《三生万物》，中信出版集团 2024 年 8 月版。

下编　社会和未来

告别"内卷"和焦虑

1996 年,28 岁的何伟(Peter Hessler)第一次来到中国,在涪陵师专教了两年英文,学生都是 70 后,大多数都是第一次进城的农村孩子。2019 年,何伟又回到中国,在四川大学开设了两年"新闻与非虚构写作课程",这一次学生都是 00 后,而当年 70 后学生的孩子不少也到了上大学的年龄。跨越一个世代,两次在中国教书的经历,给了何伟观察中国变化的视角,在他的新书《其他江河》(*Other Rivers*)* 中他就对比了他教过的这两代人。

在何伟眼中,70 后是弄潮儿,改革开放的大潮在他们身上强化了"读书改变命运"这一普遍想法,甚至即使没有上过大学,只要敢闯,从农村到城市,都有机会赚取第一桶金,成为都市中产。70 后中大多数是家里第一个上大学的,没有人能给他们指导,他们的人生充满了探索。从大学开始,经济快速发展,阶层急剧变迁,他们都需要边学边做:如何成为第一代职场人? 如何成为第一代都市中产? 如何在现代富足的社会养育下一代?

---

* Peter Hessler, *Other Rivers*, Penguin Press, 2024.

00后则是"内卷"的一代，他们的教育深受70后父母的影响。"教育改变命运"的执念已经变成70后教育下一代的路径依赖。而作为从贫困走向富足的第一代，他们又有着挥之不去的不安全感，担心自己的孩子阶层滑落，而防止阶层滑落的唯一路径是教育的血拼。同样是教育的竞争，在70后身上是不断学习新技能以适应快速变化的世界，抓住不断涌现的机会；而在00后身上则演变成一种零和游戏。竞争的结果是他们或者过于醉心于追求成功，或者被这种"内卷"弄得麻木不仁，反而根本没有精力去探索更为广阔的世界。

何伟认为70后是天真的一代，相比之下00后则是早熟的，他们过于老成世故。70后的天真是因为整个世界一直在发生翻天覆地的变化，令他们眼花缭乱，但发展的方向很明确，只要努力，就有收获。00后的老成世故则是因为他们是中国最近一百多年历史上生长于富足和稳定的第一代人，他们没有穷困的记忆，他们见怪不怪，他们很清楚身处系统的游戏规则，他们憎恨"内卷"，希望"躺平"，但骨子里却与父辈一样，认同爱拼才能赢。

"内卷"与竞争"拜物教"

教育和大学是中国过去30年整整一代人剧变的缩影。在一代人之间，大学扩招超过10倍，大学录取率从5％猛增到50％，就连何伟最早教书的涪陵师范学院都从两千多个学生迅速膨胀到两万多人,搬到了新校区,名字也改成了长江师范学院。这种十倍甚至更为迅猛的增长可以说是中国经济增长的缩影,所有一切都在一代人间快速膨胀。按照《柳叶刀》2020年的报道,1985年之后的35年间身高增长最多的是中国男生,排名全球第一,中国女生身高增长排名全球第三。这是一个高速发展的时代,身高也是如此。

不过,在超过10倍增长之下,有些仍然没有改变,而这种固化在飞速的经济增长之下显得更加碍眼和不合时宜。比如大学扩招了超过10倍,但准备高考需要吃的苦、分数排名的压力都没有改变,甚至新一代人比上一代人压力更重,"内卷"成为新常态。

在这种"变与不变"的映衬之下,怎么理解这种从教育到产业弥漫的"内卷"状态,何伟提出他的批评:崇拜零和游戏的竞争成为新时代的"拜物教"。

"卷"的一个更加通俗的词就是"剧烈的竞争",这是和身边人的竞争。教育领域的竞争是普遍的,不仅是读书很牛的娃,普通孩子也不得不参与,不得不每天待在书桌前很长时间,确保自己不掉队。对于"卷"的结果,Z世代似乎比上一个世代更加犬儒:他们不得不"卷",但"卷"了也不一定有效,他们知道"卷"是一种零和游戏。

为什么竞争会成为一种"拜物教",一种各个阶层都崇拜的信仰? 因为个人可以竞争的领域有限,也因为以70后为代表的竞争世代因为竞争成功而形成的"路径依赖"。

70后世代的信仰就是竞争。他们相信奋斗,他们相信自我提升。在一个快速变化的世界里,竞争带来了结构和意义、过程和结果。随着时间的推移,其中许多人在竞争的熔炉中锻造了自己。他们努力工作,想尽办法提高自己的技能和知识。

因为 70 后在竞争中的成功,他们把竞争推高到了"拜物教"的位置上,而这种竞争因为渗透到各个方面而演化成为"内卷"。激烈的竞争环境对所有群体来说都是司空见惯的。

在个人层面,从教育到就业都演变成零和游戏,结果是中国虽然经历了 40 年经济的快速发展,教育竞争日趋激烈,虽然一再减负,但是教育负担日益沉重,因为对狭隘竞争的崇拜已经深入骨髓,压力简单地被视为童年正常的一部分。

70 后世代的座右铭很简单:受教育,搬到大城市,摆脱贫穷。而且,只要他们这么做,大概率会成功。他们把这种竞争作为信仰传递给了下一代,因为他们有着深刻的"教育改变命运"的记忆和路径依赖,希望自己的孩子能够延续这样的道路,当然更担心他们阶层滑落。

问题是中国发展已经进入全新阶段,如果说过去 40 年追赶的时代是中国"从 0 到 1"的高速发展时代,那么全新阶段则是"从 1 到 100"多样性发展的阶段。在这一阶段,单纯的"教育改变命运""努力带来成果"的线性思维可能已经不再适用,强调竞争却忽略合作,强调吃苦却忽略思考,简单分数分层却忽略未来劳动力市场需求的复杂多样。

在从工业时代向智能数字时代的大转型中,对人才的需求已经发生巨大的转变:在本科以上学历的知识工作者中,创新与创意将是他们的核心竞争力;制造业的产业工人也将从体力工作者转变成为管理机器的技术工人,动手能力与专业水平并重;服务业将创造更多就业岗位,人际沟通的能力是非常重要的基础。此外,团队协作与沟通,以及终身学习的能力,都将是未来劳动者的必备。

理解中国需要跨入全新发展阶段,这是我们破解"内卷"的钥匙。

新加坡为理解中国全新发展阶段提供新语境

有些人选择搬到新加坡,因为这里是进军东南亚的枢纽,是东南亚唯一的发达国家,为人们提供了良好的教育和就业的基础设施;也因为这里不那么"内卷"。新加坡是穿越到未来的一条途径,提供了"走出(内卷)"的样本,也为我们去理解中国步入新发展新阶段提供了全新语境。

首先是发展阶段不同,新加坡比我们繁荣了早一代人。新加坡从 20 世纪六七十年代开始用了一代人完成了从穷国向富国的转变,20 世纪 90 年代就已经成为发达国家。现在,经历了两代人的富裕生活,他们的年轻人已经不大可能为了追求物质的改变而"卷",他们已经形成一种按部就班就可以安居乐业的习惯,他们对匮乏时代没有任何记忆,也不会有太多阶层滑落的不安全感。当然,他们也开始追求更多超越财富所定义的多样性的成功。

相比之下,在中国 Z 世代(95 后、00 后世代)出现之前,过去 100

多年中国任何一代人都面临剧烈的变化,不是政治、经济就是战争,每一代人都需要适应的变化。Z世代是第一个不再面临翻天覆地变化的世代,这不仅仅是从贫乏转向富足的世代,更重要的是他们会把这种富足想象成为理所当然。

但"卷"的惯性力量非常大,尤其是70后世代仍有的贫困记忆继而引发出的财富不安全感与当下经济发展的不确定性勾兑,更强化了"卷"是唯一出路的路径依赖。惯性加持的"卷"与00后世代新认知之间的冲突,不可回避。

当然,作为城市国家的新加坡不可能直接借鉴。中国作为一个洲际经济体,需要审视规模与多样性这一组经常被忽略的关系。

怎么理解规模和多样性,讲一则故事新编。

秦二世时,陈胜、吴广率领戍卒前往现在北京密云的渔阳,结果遭遇连日大雨,道路不通,被困于现在安徽宿州的大泽乡,两地直线距离1 000公里,根本无法及时赶到。陈胜、吴广面临的是不可能完成的任务。误期当斩,造反也是死,不如揭竿而起。这就是我们所熟知的大泽乡起义。

问题是,陈胜、吴广为什么会面临不可完成的任务?这其实要从秦国向秦朝变化背后的规模倍增说起。秦始皇统一六国,国土面积增大五六倍,但推行的制度仍然是秦国的严刑峻法。秦国规模小,内部地理和气候的同质化程度比较高,法律中关于戍边的规定是合理的。当秦国吞并六合之后,帝国内部地理与气候的多样性倍增,因为洪涝和其他极端天气而导致的误期却完全不在执法者的考虑范围之内。换句话说,陈胜、吴广起义的现代化解读可以是:因为国土规模增大,复杂程度剧增,导致原本在秦国范围内行之有效的规则在幅员要大得多的秦帝国就显得灵活度不足了。

规模和多样性是推动创新的关键概念。我们习惯于规模效应,却容易忽略规模扩大之后带来的多样性倍增,这就需要规则有灵活度,能够与时俱进。

理解多样性也有助于理解如何跨越"中等收入陷阱"。

进入全新发展阶段需要跨越"中等收入陷阱"。许多人会简单将跨越"中等收入陷阱"理解为:要么完成跨越成为西方发达经济体的一员,要么跨越失败堕落成为以阿根廷为代表的拉美国家。用这种黑白分明,不进则退的方式去理解"中等收入陷阱",忽略了中国存在和面临的多样性。

这种多样性体现在三个方面。

首先,中国经济发展仍然很不平衡,区域差异和城乡差异仍然显著;城镇化远没有结束,仍然有大量机会吸引乡村的年轻人进城;无论是鼓励更为便利人口流动的户口制度改革,为新一代进城人口建立更为公平普惠的社会保障体系;还是解决留守儿童与流动儿童问题,都有巨大的政策发展空间。

其次,在数字经济发展领域中国全球领先,这与许多跨越中等收入陷阱的国家有着本质的不同。在高科技发展领域,中国需要回答一个重要的问题:前 40 年的追赶和进口替代与当下的创新发展有什么不同? 答案是走出路径依赖。追赶阶段发展有明确的对标点,目标确定,学习最佳实践,争取弯道超车。创新发展的阶段则不同,一种情况是未来的目标不确定,你在发展,别人也在发展;另一种情况是技术已经领先,这就需要学会领先,学会引领,构建影响力,建立全球标准,让更多人追随。两种情况都需要我们放弃赶超的线性思维,拥抱"从1到100"发展过程所需的开放心态和多样性思维。

这一过程还意味着需要完成从有形向无形经济的跨越,重视无形资产。过去40年,中国基本完成有形的基础设施建设,对比新加坡和中国上海,从道路交通到餐饮零售,没有任何差距,真正的差距在无形的基础设施。

最后,中国成长阶段的跨越是建立在全球互联互通基础上的,即贸易、金融、资讯和人员的广泛交流。坚持全球化和开放给中国完成跨越的助力不可小觑。此外,全球化的时光机让我们可以搜索更多失败的经验,而不再需要自己什么都去试错。

告别"内卷"、重塑发展观

走出"内卷",需要走出路径依赖,也就是我们习惯了竞争和赶超,而且上一代人在竞争和赶超的过程中尝到了甜头,其背后的主要原因仍然是以为努力就能获得成果,却忘了这对于中国而言是两个特殊的发展阶段——外部持续稳定的全球化与中国"从0到1"高速发展——叠加的产物。大潮托起努力的人,但这样的大潮已经一去不复返了。我们需要站在"1"上重新思考"1 到 100"的多样化发展路径。

"卷"就是竞争,担心被落下,希望高人一头。其背后一边是对过去贫困生活的记忆犹新,另一边则是对经济高速增长的怀念和渴望。两种预期都需要调整。

重塑发展观,需要回归正常。正常就是不再向精英对齐,不再偏向"弄潮儿"。我们需要更多的制度建设,减少贫富分化、创造公平、让普通人(而不是考试精英)只要按部就班基本工作生活就能顺遂的制度设计。

有四个关键词可以用来形容中国全新的发展阶段,它们分别是发达、成熟和稳定。但要达到发达、成熟、稳定并不容易。对比中国上海和新加坡,初来乍到的人仍然会怀念上海的便利,或者说整个中国"包邮区"和大城市的便利。便宜而便利(除了房价之外),这是中国最近发展给人的印象。相比之下,新加坡显得贵却没那么方便。但本质而言,这仍然是发展阶段不同所致。更加富裕的发展阶段的一大特点是普通人的收入大幅提升,直接结果则是人工贵。发展不均衡的新兴市场或许可以做到鱼与熊掌兼得——提供最好的基础设施加上最便宜便利的服务,但这可能只是一个过程,而不可能是最终稳定的形态。要么通过改革和发展变得更加富有,但也必须承担富有带来的高人力成本;要么就得承受某种程度上持续的贫富差距和阶层分化,而这种状态不可能保持长期稳定。

新加坡给了一个以华人为多数的社会变成发达、成熟、稳定的样本。发达是在物质条件和基础设施发达的基础上构建普惠高效的社会保障体系和充满创新活力的市场体制。成熟是心态的成熟，不内卷，也不焦虑，当然这也意味着慢条斯理，按部就班，不会火急火燎，成事的速度相应要慢很多。稳定则意味着告别高速发展，不再有爆炸式增长的机会，当然也不再会有对财富安全、阶层滑落的担心。

重新出发需要回答三个问题。如何成熟？不再将零和游戏的竞争放在第一位。如何稳定？这种稳定需要提升更多人的生活水平，意味着收入的大幅提升，类似日本在 70 年代推出的"收入倍增计划"，这也意味着我们要改变那种"包邮区""便宜又便利"生活的幻想，那只是中间阶段，绝对不是稳定状态。

如何告别焦虑？

从宏大叙事回到个人视角，我们也必须回答当下最棘手的问题，如何告别焦虑？

我们可以用一个四象限图来形容每个人的处境，能比较清晰地了解到过去几年发生的变化。象限的横轴左边是确定性，右边是不确定性；象限的纵轴向上的个人控制力强，向下是个人控制力弱。在过去 40 年经济高速发展期，大多数人处于第二象限，发展具有高度的确定性,虽然个人的控制力并不强。我们把这一象限称为"乘客"。经济研究中也有一个术语来描述这种类似的状态——"搭便车"者,也就是你不需要为变革付出多少代价,却可以享受到变革的红利。换句话说,大多数人都是市场经济大潮中红利的受益者。只要你付诸努力,就一定能收获成果。

当下普遍的焦虑,源自我们许多人觉得自己已经从横轴的左边滑向右边,发展的不确定性爆棚。在第三象限,发展不确定、个人的控制力又很弱,这种状态被称为焦虑中心。许多人为了避免焦虑干脆躺平,另一些人则希望通过更大的努力在既有的领域做出成绩来,结果两者都很不满意。

怎么办? 我的建议是向纵轴的上方去努力,进入自己可以掌控的领域。在《"600 号"疗愈手册:告别焦虑》*中,上海市精神卫生中心的乔颖老师就建议,用计划代替期待,分清楚哪些是可以掌控的,哪些是无法掌控的,然后抓住自己可以掌控的领域多下功夫。这种改变的努力将帮助我们从第三象限上升到第二象限,虽然发展仍存在充满巨大不确定,但我们能创造一个自己可以掌控的小环境,第三象限被称为"发射场",自己努力项目的发射场。

最终,我们的目标是回到第一象限舒适区,自己掌控性强,而外部发展的确定性也高,但那需要假以时日。

古语说得好,勿以善小而不为! 但很多时候,我们总会觉得个人

---

* 谢斌总主编、乔颖主编:《"600 号"疗愈手册:告别焦虑》,格致出版社 2024 年 6 月版。

的力量很微小,集体行动并不会缺了我一个就做不成,或者攻坚克难的事情只靠我一个成不了事。其实,从焦虑中心走向发射场是我们每个人都能做到的。我们有的时候把推动集体行为的临界值想象得过高,在很多情况下,一个想法要想得到广泛传播,只需要一些人开始行动就可以了。

让我们一起用行动为消除自己的担心做一些实事。

AI 时代教育改革路线图

技术的进步,尤其是生成式人工智能的大爆炸,令教育改革变得非常急迫。生成式 AI 可以说是一个快速进化的超级智能体,阅读了人类所有结构性的知识,几乎可以解答任何问题。当 AI 迅速用于学习、工作和生活方方面面的时候,传统的教育模式必须改变了。

整体而言,教育改革至少有五个维度需要仔细思考。

第一个维度是从工业时代向智能数字时代的转型。小学-中学-大学的教育体系是工业时代的产物,标准化的教学以及标准化的考试可以制造出合格的工人和白领,满足工业经济的需求。智能数字时代发生了根本性的改变,主要体现在两方面。一方面,数字化和智能化让大量工作自动化,被机器取代,教育因此需要强化人的特性,专业技能之外,学习能力、沟通能力、协作能力、同理心等一系列软性技能的培养变得更加重要;另一方面,因为人工智能的大爆炸,原先只是少数富裕者才能享受的因材施教可以为普罗大众享受,给每个孩子以个性化的教育,根据它们的能力和兴趣培养成材。

第二个维度是对"读书改变命运"的重新思考。"学而优则仕"

是中国古老儒家社会的经典思维,"书中自有黄金屋"。第二次世界大战后,全球经济高速增长,不少人成为家里,甚至家族里的第一个大学生,毕业后马上就有了工资优渥的白领工作,通过教育完成收入和阶层的跃迁,这是在中外不断发生的故事。经历了过去40年经济高速发展之后,在很多国家和地区,富足已经替代稀缺,"读书改变命运"的观念也需要及时修正,因为大学生的比例越来越高,而好的工作却并不能那么容易创造出来,学历贬值现象严重。更进一步去研判,很多国家和地区也正在从一个阶层流动比较容易、人才相对稀缺、通过学习和努力就能完成阶层跃升的情形,转变到了一个阶层流动比较难、人才富余、仅仅靠学习并不能改变命运、阶层日益固化的阶段。

第三个维度是家长的选择,是教育的内卷,背后凸显了两个问题。一是更多家长自发或者被迫地加入了教育的"军备竞赛",很多时候都不是为了让自己的孩子未来能够有更广阔的发展空间,而是尽量避免孩子不掉队、不落下,避免阶层滑落。二是凸显了一种面对技术带来颠覆和变革、未来充满不确定性,家长十分困惑和迷茫,只能通过分数主义(国内),或者努力"爬藤"(海外)来给孩子未来发展以足够的支撑。他们仍然寄希望于名校的光环,希望为孩子的未来提供保护伞。

第四个维度是对教育公平和普惠的追求。分数主义、标准化考试,或者东亚国家和地区都普遍采用的考试制度,尤其是大学录取所采取的高考制度,背后重要的支撑是公平。家长们都希望用客观公正的标准来筛选孩子。另一种公平则是受教育的公平,即教学质量的公平。抚平教育的地区差异、减少因为贫富差异导致的教育鸿沟日益重要。人工智能的发展让后一种公平的理想更容易实现,也给前一种公平依赖的标准化考试和分数主义带来了致命的威胁。

第五个维度是需要我们跳出教育改革的本身,从更广阔的视野和更长的时间维度来思考"教育为何"的终极问题。如果说工业时代的教育是为了培养合格的工人和企业管理者,那么智能数字时代的教育则需要理解未来职场和职业发展可能的变化。对中国而言,在经济迈向创新驱动的大转型中,未来需要更多创新人才,他们要敢于实践,敢于冒险,敢于突破框架,有想象力和行动力,不惧怕失败,这也给中国教育改革提出了新课题。

人工智能作为一项重大的通用型技术(General Purpose Technology),将给未来职场带来三重改变。

首先,大量我们熟悉的工作将被机器所取代,同时未来将涌现出一大批全新的工作。这种不确定性让我们无法预知未来会涌现出哪些新的工作和新的工作形态,这就需要我们改变为了某种工作、某种专业而接受教育的教育观。无论是家长和教师,都需要完成这种改变。教育是为了培养适应未来不断变化的职场人才。

其次,人工智能将变得越来越智能化,教育需要强化人的特点,而这种特点简言之就是好奇心、创造力、高效的学习能力以及协作能力,并在此基础上培养见树又见林的全局观和见终局的前瞻思维。这些都给现有的教育提出了全新的要求。

最后，"人加机器"是未来，未来的竞争将在两个维度展开。第一，是否会善用机器，善用最新科技，不会善用机器的人很容易被淘汰。第二，是否会团队协作，是否懂得调用资源，单打独斗的人很容易被淘汰。这也需要教育作一系列的改革。不要害怕新科技，而是要全力拥抱新科技；不能简单地分数主义，而是要营造更多环境去创造团队的竞争，并在团队竞争中培养和塑造个人的协作能力、沟通能力，并让有领导力的人脱颖而出。

最近有一系列书籍都在从不同维度去思考教育的改革，包括可汗学院创始人萨尔曼·可汗的新书《教育新语》、北大林小英教授的《县中的孩子》、携程董事长梁建章的《创新主义》、美国社会学家希拉里·弗里德曼的《一激到底》、心理学博士布莱斯·格罗斯伯格的《我在上东区做家教》，加州州立大学富尔顿分校人文与社会科学学院教授卡丽·莱恩的《一人公司》，当然还有耶鲁大学经济学家法布里奇奥·齐利博蒂在2019年出版的教育经济学分析著作《爱、金钱和孩子》*。本章根据这些书籍的观点以及与相应专家的深入沟通，尝试对AI的教育改革作一个全面的综述。

---

* ［美］萨尔曼·可汗：《教育新语》，王琦、万海鹏译，中信出版集团2024年7月版；林小英：《县中的孩子》，上海人民出版社·世纪文景，2023年7月版；梁建章：《创新主义》，中信出版集团2024年4月版；［美］希拉里·弗里德曼：《一激到底》，董应之译，广东人民出版社2023年3月版；［美］布莱斯·格罗斯伯格：《我在上东区做家教》，熊文苑、胡广和译，中信出版集团2023年12月版；［美］卡丽·莱恩：《一人公司》，李磊译，广东人民出版社2024年1月版；［美］马塞厄斯·德普克、［美］法布里奇奥·齐利博蒂：《爱、金钱和孩子》，吴娴、鲁敏儿译，王永钦校对，格致出版社2019年6月版。

多快才能实现因材施教的理想？

因材施教是每个教师的理想，因为不同学生有不同的需求，需要区别对待。而且，教学也需要有创新，主动学习，培养学生的自主性和自驱力非常重要，当学生被动地坐着听讲时，并不能达到最佳的学习效果。

人工智能的大发展让基于个性化（personalization）的服务变得充满想象力，无论是定制化医疗，还是定制化教育。可汗学院在2023年就参与了GPT-4的内测，并基于它推出了名为Khanmigo的人工智能助教，在个性化学习上迈出一大步，也极大推动人工智能带来的普惠教育。

个性化学习的基本想法是学生能按照自己的学习进度展开学习，并在这一过程中能够得到针对性的辅导，夯实基础知识，还能在自己感兴趣和擅长的领域掌握更多。理想状态是改变工业时代教育批量化生产的状态，人及器材，百花齐放，鼓励学生多样性发展。

这种个性化的学习原本只是富裕家庭才能做到的，因为他们可以花大价钱给自己的孩子请家教。《我在上东区做家教》的作者格罗斯伯格，哈佛大学毕业后加入纽约一家私立学校担任升学辅导，曾经是纽约富人家里常请的家教，帮助住在这里的中学生阅读和理解像《奥德赛》这样的经典文学，并帮助他们提升写作能力。当然，这些孩子如果有理科方面的难题,也可以找到大学教授来辅导。

在 ChatGPT 出现之前,个性化学习很难大规模实现,因为一个老师无法给一个班上三四十个学生同样的个人关注,也无法让他们以不同的速度在课堂上学习。Khanmigo 则让个性化辅导成为可能,而成本只需要一年 44 美元,折合 300 元人民币,比课外辅导班便宜多了。

即使只是初级状态,Khanmigo 已经很强大。首先作为任何一个重要的 AI 助教,它能够做到非常好的个性定制,可以真正按照学生的需求查缺补漏,推动学习进步。

其次,作为机器,它 24/7 在线,事无巨细,仔细认真,不会厌倦,有耐心,这些都是人无法做到的。因为经过最详尽的教育学培训(熟知所有教育方法资料和最佳实践),它可以按照学生的年级和学习水平制定相应的互动教学方案。

ChatGPT 出现之后,许多教师的第一反应是担心孩子利用 AI 作弊,比如让 AI 直接写作文,而不去自己思考。Khanmigo 作为深度定制的 AI 助教,目标是让自己成为陪伴和督促学生学习的好伙伴,在两方面与普通的 GPT 又明显差异。

第一,它不会直接给出答案,而是会在语言互动(未来会是语音互动)中一步一步和学生一起找到解题方案。以写作为例,其目标是真正提高孩子的写作能力。在可汗学院,AI 助教可以成为孩子写作的个性化帮手,帮助他梳理观点,查找论据,强化结论。在互动过程中它也会保存所有记录,让老师检查学生到底是如何使用工具的,以及在工具的帮助之下,学生如何提升自己的写作能力,以此区别纯粹的让机器来替学生写作。

第二,它在辅助教学上会尝试激发学生的兴趣。比如它可以模拟历史上的名人,让孩子和美国国父乔治·华盛顿,或者著名科学家爱因斯坦对话,在互动的过程中,帮助孩子理解历史事件的发展、历史人物的思考,等等。

整体而言,AI助教是各个学科领域的专家,可以根据学生的个人需求和能力提供个性化、自适应的学习练习,也能更好地评估学生,并根据他们的知识水平推荐下一步要学的内容。

有趣的是,在实践中教师受益更多。恰如可汗在《勇敢新词汇》中就特别提出,希望AI助教帮助教师完成"价值链跃升"。AI助教能帮助批改作业、阅读论文等,这就是教师钟情于它的地方。有教师说,因为AI助教,他每晚可以节省几个小时的工作时间。帮助教师定制教案和为场景化教学提出建议也是AI助教的长项,而AI助教也真正能做到对学生的一对一辅导。

可汗学院的尝试,让原本在科幻小说中才有的情节正在变成现实。如果学生都能拥有一位贴心、有耐心、学业深厚、循循善诱的AI助教,教育体验会发生哪些质变?

怎么推进教育的公平?

回到中国现实。贫富差距和城乡差距这两道鸿沟让大城市人很少能看到乡土中国的真实面貌。林小英教授在《县中的孩子》中用细致的田野调查描述了中国县域的教育生态。中国不仅仅是北上广深，教育也不仅仅是"鸡娃"和"内卷"，《县中的孩子》扫描了另一半中国的教育生态，呈现的也是残酷现实的另一半。当大都市人在慨叹两代人之间，孩子非但没有减负，甚至负担更重，为学习和补课付出的时间更多，知识的更新换代却付之阙如的时候；县城却需要面临另一种现实：留守儿童、撤村并校、名校锦标赛下掩盖的各种问题。

县中与村小是林教授观察的重点，教育局、学校与教师、家长和孩子构成县域教育的利益相关者。县中和村小都是经过几道筛子筛过之后剩下的孩子，所以《县中的孩子》是一本分析中国教育系统中"弱势群体"的书。升学率是"自上而下"最重要的指标，这就意味着在基础教育的每一个阶段，分数主义的指挥棒都不断强化，小学成了升初中的预科，初中成了进好高中的预科，而高中则成为问鼎985/211大学的预科。一层一层的选拔导致掐尖情况日益严重，取得好成绩就是要筛选出好学生，至于在这一过程中被淘汰的学生，则很少引人注目。

书中着重描写的是"县中和村小的孩子"，这些基层普通学校的生源都是被挑剩下的"歪瓜裂枣"，但这也把许多基层教育工作者逼上绝境，"绝处逢生"，让他们重新思考为了应试分数的教书与培养健全人格的育人之间的关系，既然考试已经没办法考出好的成绩，不如花更多精力在育人上。育人的重点是给孩子留下"难以忘却的教育经历"。

从育人出发,又引发了三方面的思考。

首先是学校要创造一个小环境,这样的小环境应该与社会有所不同,是一个相对平等/平均的环境,这也是为什么现在学校(无论中外)都要求穿校服的原因,就是为了不要体现出贫富的差别。当然,中低收入家庭占比较多的学校,在组织学校活动的时候更需要注意家庭的差别,"何不食肉糜"是太经常出现的问题。一个阶层习以为常的东西,在下一个阶层就可能暴露出窘迫来。

在国内教材中也出现过类似的情况,比如让孩子数图片上经过透视处理的气球个数,可是孩子可能从没有看过绘本。再比如让孩子在地图上找到大城市内从 A 到 B 的地铁路线,可从没离开过县城的孩子根本不知道地铁是什么,甚至老师都没有乘地铁的经验。还有包含汇率的数学问题,孩子见过人民币,可是美元和日元也会让他们晕头转向。还原孩子熟悉的语境,或者在教学的时候作好铺垫,让孩子能够逐渐理解并熟悉在大城市中司空见惯的语境,是教学的重点。

这些案例一再提醒我们,城乡认知差异的鸿沟仍然存在,能用技术手段弥合这一鸿沟么?这就引出了第二方面的思考。最近几年县中村小教育在硬件上有巨大的提升,县中的孩子物质条件也在不断改善。其结果是孩子反而更加安逸,不再有上一代人中一部分通过"读书改变命运"的渴求和紧迫感。孩子最期待的工作是教师、医生和警察,换句话说就是体制内稳定的工作。他们最享受的娱乐方式则是刷手机和喝奶茶。

认知升级是这些孩子最紧迫的任务。在资讯和视频极大丰富的时代,县中的孩子最缺乏的是被推荐优质的资讯和视频,让他们能够了解外面世界的精彩。林小英教授就建议,去乡村支教的大学生可以做的第一步是推荐给孩子一些好的 App、优质的公众号和视频号,因为优质的内容会有感染力。

最后,教育改革需要因地制宜。改革经常会呈现出钟摆式,"一抓就死,一放就乱",教育也是如此。上下一盘棋,往往忽略的是乡村县域的千差万别。还是有不少老师希望在既有的"一亩三分地"里因地制宜地教育孩子,给他们一些空间,容忍一些例外,也许会更好。

整体而言,现在的教育有很强的"应对监管要求"的倾向,一方面要应对文山会海的各种检查,另一方面课堂教育也呈现某种应对检查的表演式。缺乏的是"客户为先",即真正把孩子的受教育和成长需求放在第一位,而因为贫富、阶层和地域差距的客观存在,这样的需求一定是多样化的,因地制宜因此成为关键。

作为高中分流的职业教育也是一个非常值得关注的领域。德国是分流和职业教育做得比较好的国家,它的学徒制为众多有专攻的"中小企业"——我们现在特别提倡的专精特新企业——提供了成熟的、有技能的产业工人。英国也在学习德国的经验,比如英国谢菲尔德大学就有与附近产业共建的学院,学生学习过程中有一半时间在附近的工厂实习,有追求的学生还有可能回到大学完成本科学历。分流既然是客观存在的事实,有的孩子爱动手,有的孩子爱读书,也是客观存在的事实,就需要建立真正有效的职业教育。而不少职业教育,或者高中开办的职业训练班,没有做到与产业结合,让学生真正动手。

读书还能改变命运么?

教育的城乡差距和贫富差距,中外皆然,两本书凸显了美国和英国教育的城乡差别。

一本是 J.D.万斯的自传《乡下人的悲歌》,描述自己在美国俄亥俄州"锈带"成长的故事。在全球化所导致的制造业搬迁和产业空洞化背景下,万斯成长的 20 世纪八九十年代恰恰是美国"锈带"沉沦的时代,教育首当其冲。产业搬迁,经济凋敝,家庭破败,孩子的教育问题重重,万斯所在高中的没有几个人能真正毕业,年轻的未婚妈妈和吸毒等社会问题泛滥。万斯是为数不多的幸运儿,高中毕业入伍之后,他才真正意识到小镇有多闭塞(军队教会他什么是信用卡和分期付款)。退伍后他靠着《退伍军人权利法》资助进入俄亥俄州立大学读书,毕业后考上耶鲁大学法学院,成为班上唯一的穷孩子。

值得一提的是,在硅谷大亨彼得·蒂尔的资助下,万斯靠着特朗普基本盘"红脖子"(没上过大学的白人产业工人阶层)的资助成功当选了俄亥俄州联邦参议员,完成了人生逆袭。在 2024 年的美国总统大选中,万斯成为特朗普的搭档,如果特朗普再次当选,万斯则将改写美国的政治规则,让一个乡下的穷孩子有机会问鼎白宫。

另一本书则是美国负责俄罗斯事务的专家菲奥娜·希尔(Fiona Hill)在自传《这里没东西给你》(*There is Nothing for You Here*)中描述她在 20 世纪 70 年代在英国"锈带"(英格兰北部矿区)成长的经验,凸显的是英国大都市和衰落了的工业区之间的差距,这种差距不仅体现在经济上,更多的还是信息差。申请学校,到底哪些学校有名,如何申请,在工业区的希尔根本没有办法知道(当时还没有互联网)。要不是因为自己外语不错,参加了一次去德国的交流学习,她根本不了解外面的世界是什么样子,也根本不会意识到自己原来处在英国社会阶层的最下端。

万斯和希尔都是通过读书改变命运的例子(他们都是家族里第一个上大学的人),这种改变与他们自身的努力和偶然的机会是分不开的。

但当下的情境与 20 世纪 70 年代到 90 年代已经完全不同。可以说当下关于未来如何选职业、职场该如何规划的教育存在漏洞。

首先,我们仍然习惯于小时候问孩子长大了你想当什么,好像未来仍然会有一份职业可以让他贯穿始终。仍在提出这样的问题其实已经在误人子弟了。如果我们的高等教育仍然停留在让孩子选一个专业,给孩子一个具体工作的预期,这种误导会被进一步加深。职场的流动性在过去 10 年已经大幅增加,人工智能更是加剧了这一趋势,一个人在职业生涯中换上 10 份工作将是常态,这时终身学习的能力、适应改变的能力变得至关重要。

其次,关于职业生涯发展的建议其实是谎言。无论是在美国还是中国,曾经有一代人坚信只要上好大学,拿到研究生学位,努力工作,就能在职场稳步晋升。在当下,如果今天还抱持这样的想法,一旦公司裁员,就可能发现轮到的是自己。

最后,鼓吹"一人公司"(The Company of One),每个人都是创业者,应该塑造自己的个人IP,这些概念其实是大"忽悠",莱恩在《一人公司》中就有非常详细的反思。"一人公司"的概念认为,在变化的职场中,换工作恰恰是创建个人品牌,自己创业,或者开启自由职业的大好时机。求职者也被教育说职场上获得好机会的秘诀是个人品牌的打磨。现实中的真相是,雇主根本不在意什么个人品牌。在职场中获得机会靠的是圈子,建立良好的网络,在好的职位出现的时候,有企业内部人给你内推。

上述三大理由可能违背了坊间常见的成功学,因为成功学只适用于顶尖的成功者,普通人需要重新思考如何适应未来的市场。显而易见的是,现在的教育相对于职场的滞后更加严重。以美国为例,仍然有许多人读博士,尤其是文科的博士,期待自己像上一辈一样博士毕业可以在某所不错的大学谋一个教职,十几年努力下来就能拿到终身教职,可以安心做学术。实际的情况是,现在美国大学里已经有三成的老师是兼职教授,能够拿到终身教职的只有三成,大量博士毕业之后根本无法在大学里立足。

什么是明智家长的选择？

在《一激到底》中，我们看到了中产和上中产家庭为了"鸡娃"去"爬藤"的各种努力，因为他们担心自己的子女"沉沦"，而确保他们不下沉的最安全的办法就是上名校。摆在这些家长面前的挑战是，面对不确定的未来，不断帮助孩子规划确定性的轨迹，这也意味着放弃未来应对不确定性的韧性的塑造。

《我在上东区做家教》则揭示了1‰高收入阶层的教育观。"虎爸虎妈"的"鸡娃"方式在高收入阶层更加普遍而激进。父母将孩子的时间打理得清清楚楚，一分不剩。甚至有一种感觉，他们是用熟悉的项目管理方式在教育孩子，千方百计帮助孩子挤进常春藤学校，除了对外炫耀，也是追求一种投资收益的自我满足。但这种安排的负面结果显而易见。一方面孩子的生活里不再有不确定性，也没有机会去自己应对不确定的未来。另一方面，孩子的圈子其实很小，在年少时享受过多的巅峰体验，未来反而会丧失好奇心和斗志。

到底是教育推动了阶层流动，还是教育强化了阶层固化？《爱、金钱和孩子》对不同国家的教育作了一个简单梳理，从平等和社会流动性两个维度来考察各国的"鸡娃"指数。在一个比较平等而且社会流动性（竞争性）不是那么强的国家，比如瑞典，家长教育孩子就会比较超脱，比较自由，给孩子更多自由生长的空间。在一个比较平等但是社会流动性比较强的国家,比如瑞士,家长还是会有比较强的帮助孩子获得更好机会的动力。在一个两代人不平等,社会流动性也比较强的国家,父母的"虎性"就更强了。

我们常常认为中国的教育很"卷",但《我在上东区做家教》揭示出来的美国精英教育同样"卷"。为什么要"卷"?因为名校的名额是稀缺的,名校仍然具备无与伦比的优势,可以与精英孩子一同成长(掐尖效应),又具备有权有势的校友网络,能确保孩子的未来。

美国精英教育的"卷",体现在两方面。首先,它特别强调培养上层的生存法则。中学就去啃艰涩的《荷马史诗》,还是原版而不是写给孩子的缩写版,就是为了对外传递一种强势的学习能力:在任何领域,不管我喜欢与否,我都能拔得头筹。其次,他们会为了自己的阶层利益不断制定并修改进入名校的规则。在小布什时代,尽管成绩平平仍然可以依靠祖荫上耶鲁法学院,因为50年代美国名校入学还没有那么"卷"。当越来越多人,包括崛起的少数族裔和海外学生群体也开始向"爬藤"发起进攻之后,录取规则就需要修改,让自己人能更大比例保持不从阶层滑落。体育特长生,尤其是冷门却花费不菲的竞赛门类,比如赛艇或者滑雪,就成了高收入阶层"爬藤"的敲门砖。

当然,最终即使正道被阻,大额捐赠仍然可以给他们买来藤校的入场券。特朗普的女婿库什纳能被哈佛大学录取,就是在父亲捐赠了200万美元之后。

这种卷的背后仍然是一种对未来不确定性的恐惧。需要指出的是社会面临巨大颠覆,尤其是技术带来的快速迭代,即使有前瞻性的父母也没有办法保证按照自己计划中教育出来的孩子能够适应未来的环境。

甚至可以说,无论是顶级富豪还是"虎爸虎妈",他们为孩子的精心安排很可能让孩子更加不适应巨变的未来。凯文·凯利就认为孩子的整个职业生涯中要从事的职业头衔在高中时并不存在。所以,家长不要再为孩子的未来职业操心,因为没有人知道,孩子的未来职业甚至还没有被创造出来。相反,培养孩子就是探索未知的能力才是正道。

从现在开始培养终身学习的习惯

怎么迎击未来不确定的挑战?

凯文·凯利认为,现在高中毕业时需要掌握的主要技能是了解自己的最佳学习方法,优化自己的个性化学习方式,了解自己学习不同学科时的有效模式。毕业孩子需要拥有这种优化终身学习的超级能力,因为未来一个人一生中都需要不断学习新事物。

凯文·凯利认为,一个高中生应该知道自己如何最佳地学习语言,如何最佳地学习一项新的技能,以及如何最佳地学习一个新领域。未来的核心技能就是知道自己怎样学习最有效率,找到针对不同学科最有效率学习方法。这就需要不断进行测试和尝试,通过实践和练习,经历失败并从中学习。这是一套系统工程,需要在教师和像 Khanmigo 这样的 AI 助教的帮助下,弄清楚一系列问题,比如你需要在记忆周期之间睡多久? 你需要多长时间复习一次? 你需要多频繁地复习某个内容?

　　培养创新文化,凯文·凯利认为一个重要部分是接受失败,甚至不仅仅是容忍失败,而是将失败视为前进的手段,在失败中前进,在失败中做得更好,让学生克服失败带来的耻辱感。对中国学生尤其如此,凯利认为要想未来培养更创新的文化,需要做到三点:需要更加接受失败,需要更多地质疑权威,需要拥有多样化的观点。

　　林小英也观察到挫折教育的重要性。在考试的独木桥上过关斩将的孩子很可能出现"脆皮大学生"现象,即缺乏韧性,没有应对失败的经验,一旦遭遇失败(无论是在大学还是求职阶段遭遇的挫折)就可能气馁与放弃。

　　《一激到底》提出了关于文化资本的五点梳理,值得任何希望自己孩子成功的家长留意。这五点分别是内化获胜的重要性、学会走出失败、学会在有限时间内完成任务、学会在高压环境下取得成功、坦然在公共场合接受他人的评价。除了拥抱失败之外,剩下四点建议都是让孩子在真实世界中成功所必备的心智素养。

　　在《勇敢新词汇》中,可汗认为,未来成功者需要三方面的基本技能。

　　第一方面的基本技能是盖茨特别强调的 3R 能力,阅读理解、写作和算数的能力(Reading, WRiting and ARithmatic)。没有这些能力,很难应对各种复杂情况,更不用说作出明智的决策了。第二方面的基本技能也是老生常谈,即T型人才,既有特定领域深厚理解、又拥有广泛技能的人。第三方面的基本技能则是比以往任何时候都重要的具备强大的沟通、协作和同理心技能。

换句话说,AI时代人类需要夯实的是最基础的认知能力、最重要的学习能力和最有效的待人接物的能力。

梁建章与林小英对此持同样观点。梁建章在他的新书《创新主义》中认为,基础教育依然重要,需要学习工具性和理论性的知识。林小英则认为,要培养人有别于机器的触类旁通的能力(也就是顿悟的能力),需要强化基础教育,让孩子在基础学习阶段存储一些基础的知识,这样未来才可能与新知识勾兑,产生联想的认知。

在AI时代,梁建章认为创新活动还得人类来完成。他认为,创新需要四个步骤:提出问题;确定搜索空间和评价函数;搜索和启发;测试和确定。机器擅长后两步,而前两步仍然需要依赖人的思考。换句话说,提出问题和确定哪些是符合解决方案的条件,仍然是只属于人类的领域,而要培养这种能力,需要拥有广阔的视野和复杂多样的生活环境。

在此之上,可汗强调需要从小培养企业家精神。他给企业家精神这样的定义:创业实际上是一种创造力,知道如何整合资源以创造价值。因为在一个AI在任何单项领域都能成为专家的时代,人的创造性将体现在两方面。一是对自己有着清晰的认知,知道该如何改变。可汗将此更具体为个人远景,能够审视工作中的各个方面,发现需要解决的问题,知道必须将研究重点放在哪里,并理解为解决问题需要整合的各个要素。二是回归到工业革命前那种工匠式的体验,可以与一小群人一起合作,而这些人有着多样的背景,懂得工程、销售、市场、金融和设计,他们一起将能够管理大批人工智能,并将所有这些要素整合在一起干大事。

教育改革林林总总,是一项系统工程。未来需要什么样的人才,"人加机器"的时代需要培养哪些人特有的能力,AI可以带来哪些普惠的因材施教,如何在兼顾教育公平的前提下推动社会流动? 知易行难,让我们一起推动改变。

如何构建一个"四世同堂"的和谐社会？

在最近一个企业内部"以人为本"的话题讨论中，我提出了年龄平权的问题，不想捅了马蜂窝一般，引发了激烈的讨论。

年龄平权和性别平权一样，旨在承认不同年龄群体差异（就好像男女有差异）的同时，在职场确保对不同年龄者公平对待，理解不同年龄阶段的能力特点，认识到不同世代给组织带来的多样性，同时对职场中的年龄歧视说"不"。

比如，麦肯锡的一项研究就发现，人的工作生产率呈现出双峰状态。二十多岁到达巅峰，这时思想活跃，脑力达到顶峰；五十多岁会再次达峰，这时虽然大脑的活力不如年轻人，但是经验带来的触类旁通却能让工作生产率再次达到巅峰状态。当然，这两种巅峰有着明显的不同，职业上半场的巅峰具有巨大的冲击力和爆发力；职业下半场的则体现为将宽广的视角和积累的经验糅合而成的思维绵密和战略清晰。

想法很理想，现实很骨感，年龄平权也是如此。当我分析进入职场后半场之后会发生一系列改变时，如何努力达到工作生产率第二峰时，参与讨论的许多人却深深陷入了 45 岁天花板的焦虑。的确，现在很容易看到这样的招聘广告,比如招聘经验丰富的 CFO,薪资优渥,但条件是 45 岁之下,妥妥的年龄歧视。

在传统的职场,随着年龄的增长,职位和薪酬也会跟着增加,但因为是阶层组织,越往高处走,竞争越激烈,位子也越来越少。企业不可能是养老院,每个人都要面临职业生涯的进化和淘汰,贴近金字塔塔尖的总是少数人,大多数人怎么办?这是焦虑的根源,尤其在经济下行、不时听到各种裁员消息时。

随着延迟退休的靴子落地,男性延迟退休到 63 岁,女性干部 58 岁,普通女性职工 55 岁,这种焦虑又增加了一个新的维度。很多人担心职场竞争的残酷,职业的下半场如果缺乏保障,"高龄"被裁员即失业,日子变得更加难熬。

由此迫切感受到,面对延迟退休,必须开启一场职场的大讨论,理解中国不同世代因为经济高速发展而存在巨大的差异,重塑不同世代融合的职场新文化,化解职场下半场的焦虑,同时构建更加务实稳健的养老观。

理解职场下半场的焦虑症

职场下半场的焦虑为什么在中国那么明显,尤其是 45 岁的焦虑现象?我们首先要理解这到底是一种什么样的焦虑?简言之,到了或超过 45 岁,达到某个管理岗位就可能陷入停滞期,而一旦失业,就很难找到相应薪酬的职位。

为什么会出现这种焦虑？如果我们以一位 45 岁管理者为例，就不难发现他几乎是中国经济高速发展的某种缩影。

首先来看人口结构和教育水平的变化。在他 1997 年上大学的时候，大学刚刚扩招，2001 年大学毕业生总人数才刚刚突破 100 万，10 年之后这一数字超过了 650 万，6.5 倍；到了 2022 年，大学毕业生超过 1 000 万，二十多年整整多了一个数量级。

再来看看他的职业经历。假设他 2001 年毕业后就直接进入职场，职场上对人才的需求基本上是供不应求，只要努力肯干，随后 20 年他的职场生涯会像乘上一列高速列车一样飞驰，不断进步。好风凭借力，这位 45 岁的管理者可谓风云际会。但他也需要深刻理解巴菲特的那句名言：潮水退去，才知道谁在裸泳。当下恰好是潮水退去的时刻，如果仅仅是因为时势造英雄，并没有真正的能力和经验，有危机感很正常。

相比之下，今天，人才至少从数量上来讲呈现井喷的态势，无论大学毕业生的数量、留学生的数量、留学名校的数量，都今非昔比。从组织的视角来看，年轻一代人才池有更多选择，可能有更完备并国际化的学历，且更加积极上进，因为同侪之间的竞争人数众多且越发激烈。人才市场更呈现出供求关系的大逆转。据一家猎头机构的统计数据，从 2021 年到 2023 年，短短不到 3 年的时间，互联网大厂对中国名校毕业生招聘的需求就从 2 个职位虚位以待 1 名毕业生迅速激化到 3 名毕业生竞争一个岗位。

此外,他们也是典型的夹心层,作为第一代独生子女的代表,上有四老,下有小,又恰逢未来发展确定性的丧失和不确定性的爆棚,还有后续世代积极上位的竞争,怎么能不焦虑?

如何避免年龄歧视,同时理解阻挡效应

焦虑是一个普遍存在的问题,处理不好,一边可能带来残酷的年龄歧视,另一边则可能带来后果严重的阻挡效应。

先来分析年龄歧视。为什么会有年龄歧视?前文对人口结构和教育结构的分析,以及人才供求关系的变化,企业当然非常清楚,这可以说是中国特有的情况。如果简单从成本收益的视角去看待人才,年轻人薪资相对比较低,家庭负担小,医疗成本便宜,所以虽然很多国家都明文规定要避免年龄歧视,但实际上隐性的年龄歧视哪里都有。

避免年龄歧视和鼓励男女平权一样,仅仅有法律规定不够,还需要更多社会力量和重塑企业文化的视角去帮助企业意识到不同世代人群的不同价值,并没有简单的高低之分。

我们可以用多元化(diversity)的视角来看待代际公平,避免延迟退休带来的老年歧视。多元视角推动企业文化建设需要从三方面入手。首先,要正视人群之间差异的存在,比如性别不同、教育背景不同,经验和阅历不同,当然也包括年龄的不同。其次,一个太过相似、观念趋同的团队,虽然容易统一思想,整齐划一,但在应对外部变化环境时更可能犯错,更容易出现"群体迷思"。最后,增加团队的多元性,就是为了增加不同的视角,不同看问题的方向,增加碰撞产生创新想法的机会,这在剧变时代是巨大的财富。

恰如麦肯锡的分析指出,进入职业下半场的员工也具备他们的优势,其最大的价值是经验的价值和跨度带来的触类旁通的价值,这是年轻人不具备的。对于一家坚持长期主义的企业而言,老员工有许多价值值得挖掘,比如他们具备"隐藏的知识"。查理·芒格(Charlie Munger)说过,许多智慧都需要自己去悟,许多经验其实没有办法通过言语来传递,这些就是隐藏的知识。在企业中,隐含的知识还涵盖了企业核心技术的各种窍门,以及管理协作的各种经验,这些也都是可以身教而难以言传的。

再来分析阻挡效应。阻挡效应,顾名思义就是"老人"待在位子上不挪窝,让年轻人很难出头。延迟退休,如果带来的结果是许多"老人"占据管理岗位或者权威地位,就可能强化社会的固化,无助于创新与发展。

阻挡效应并不是年龄歧视,因为我们必须要理解不同世代的差距。总体而言,年轻人更冒险,老年人更保守,年轻人更开放,老年人更守旧。这就是普遍存在的差别和不同,并没有价值评价。但对于组织而言,这种差别非常重要。

以科学界为例子,创新的想法总是出现在中青年时期,年纪大了之后如果不尽快退休,占着位子,就可能挤占资源,让年轻科学家难以出头。功成名就的科学家之所以在晚年还能著作不辍,很多时候是因为他们已经拥有品牌,可以吸引各种资源,可以招募年轻的科学家到自己麾下,这些人的成就也很自然地成为年老科学家的成就。看一看多少诺奖"老"科学家的长袖善舞就知道了。

阻挡效应的另一重要方面是阻碍创新。很简单,年纪大了,相比之下心态肯定没有年轻人更开放,也不再能拥抱新事物,也许经验与待人接物所积累的人生智慧比年轻人多,不像年轻人那么莽撞,但同时积累的也可能是各种偏见。一个组织如果缺乏年轻人的闯劲和勇气,会很快失去活力。

当我们回顾日本停滞的 30 年时,会发现一个很重要的原因是老龄化阻挡效应所引发的经济停滞。以日本曾经全球领先的消费电子企业为例,这些企业经历了 30 年的高速发展,管理者已经进入了职场的后半场,但因为年资制迟迟不离场,当年的创业者变成了当下的守成者,错失了从 20 世纪 90 年代开始的互联网和移动互联网的两大全球发展机遇。在这一时期,日本企业只有一些微创新(小改良),与中美高科技企业所展现的颠覆式创新无缘。

面对延迟退休,不同人群会有完全不同的想法。领导者(包括高层管理者)和知识工作者(比如学者和教授)不愿意退休,延迟退休给了他们更多理由可以不离场;而工人阶层一旦到点就想退休,延迟退休显然让他们失望。

所以,我们需要在推动延迟退休的同时,又能够创造一个机制来确保领导者/有影响力的知识工作者能够及时给年轻人挪位子,让他们充分理解随着年龄的增长,自己的能力已经发生改变,或许退到一个咨询顾问的角色更合适,而不是占据重要的位子不挪窝。换句话说,为了避免阻挡效应,避免组织僵化,避免年轻人寒心和人才流失,企业和组织需要仔细思考自己的晋升机制,避免延迟退休成为一些人盘踞岗位的理由,同时也要思考如何创建"体面转岗"的机制。

这就自然引导到我们最后一个议题,如何构建一个"四世同堂"的社会。

如何构建一个"四世同堂"的社会?

"四世同堂"是一个有着中国特色的词,表面上指的是祖孙四代共同生活,寓意父慈子孝、其乐融融、家庭和谐、家族兴旺,但也隐藏着不同世代之间的矛盾与冲突,以及为了解决这些矛盾所需要的包容和智慧。

延迟退休,推动我们深入思考如何构建"四世同堂"的和谐社会,一个对不同世代劳动者都比较友好的社会。这样的和谐社会,首先意味着需要建设更多"四世同堂"的企业,因为人在职场中的时间被拉长了,在许多大企业,60后与00后四五个世代需要一起工作。"四世同堂"的企业文化涵盖了拒绝年龄歧视和避免阻挡效应的两层意思,会面临现实的不小挑战,比如说如何为超过60岁的普通员工找到合适的岗位？又比如说如何让一名60后很好地接受一名90后的领导？

就企业而言,构建"四世同堂"的文化并不是要求企业成为延迟退休的买单者,将雇用更多老年员工作为它们必须承担的社会责任,对老员工不解雇,不强迫提早退休,变相成为"养老院",而是推动企业思考老龄员工的潜在价值和现实困难——比如他们的医疗费用要比年轻人高很多,他们病退的几率也要高很多。

宝马十多年前就曾经在一条平均年龄47岁的生产线上作改革尝试,尝试50岁以上和30岁以下跨世代员工在同一条生产线上工作,同时改善工作环境,减少身体疲惫,鼓励自主创新,结果一年生产率提升了7%。

知识工作者的情况要更为复杂。一些企业的做法是成立资深专家团队,把年资比较高但又不再担任管理职务的人养起来。更常见的做法需要员工自己做好准备和规划。在职场的下半场,"指导不指挥"成为关键词,无论是在企业内部还是企业外部。指导不指挥的关键是重新定位,不再自己下场,转而成为参谋、顾问和教练,成为经验的分享者和年轻人成长过程中答疑解惑者。

延迟养老的和谐社会需要政府、企业和个人都肩负起各自的责任,因为这是一项每一个老龄化国家都必须面对的系统工程。站在政府的层面,需要进一步改革社保体制,确保养老金整体的财务稳健,能基本满足普通人的养老需求,逐步拉平不同体制养老金的巨大差异,同时出台更多税收优惠,鼓励企业和个人增加投资私人养老保险,增加社保之外的保障支柱。在全社会,则需要强化年龄平权,拒绝年龄歧视,善待老龄失业员工。在企业层面,需要思考如何妥善安排 60 岁以上的老领导和老员工,不失体面却又能真正发挥他们的能量,同时避免组织的僵化。在个人层面,延迟退休则再次提醒不同世代的人,自己才是养老的第一责任人,投资理财,锻炼身体,关注健康,随着年龄的增长能及时改变心态,同时拥抱终身学习,努力发展第二曲线。

理解数字时代的四个比喻

步入智能数字时代,如何预见未来?有三个问题值得仔细思考。

第一个问题,可以简单用过去的经验和发展轨迹推算未来么?未来的发展是线性的么?如果从250年前工业革命算起,过去的经验告诉我们人类进入工业时代之后的发展不是线性的,而是在一次又一次工业革命的推动下呈现出加速增长的态势。这就引发出第二个问题,我们现在所处的是许多人所说的"第四次工业革命"么?蒸汽、电力、计算机与互联网、人工智能,的确可以这么一次又一次算下去,但转型其实已经发生,这种转型可以简单用"从有形向无形"的转变,或者"从原子向比特"的转变来形容。计算机和互联网的出现让知识变得日益重要,承载知识的载体,知识交换的媒介从模拟形式变成数字形式,每个人可以获得的知识呈现爆炸式增长。人工智能革命更进一步,推动量变而成质变,人类开始向智能数字时代转变,而完成这种转变,需要重新审视工业时代形成的一些制度、规则和习惯。第三个问题,智能数字时代会有哪些不同?可以确定的,这将是一个创新驱动的时代,一个拥抱未知的时代,一个高度不确定的时代。这样的时代有违我们的直觉,因为在人类历史长

141

河中,几乎所有叙事都在把变化整理成秩序,将演进归纳成规则,追求稳定是因为它给我们带来安全。新时代需要我们重新思考秩序与混乱的关系。

美国未来学家乔治·吉尔德(George Gilder)的新书《后资本主义生活》(*Life after Capitalism*)* 为我们描述了一种后资本主义的可能。吉尔德对未来的前瞻可以简单归纳为三点:(1)关于稀缺的经济学已经过时,未来经济学应该研究的是如何利用丰沛。(2)在物质已经相当丰沛的当下(至少是西方视角),我们需要重新定义财富,而度量财富有两个维度,从增长的维度看,财富就是知识的增长,从时间的维度看,财富就是节约时间。(3)当下的资本主义已经过度金融化,需要回归到实体经济。

吉尔德的这本书用四个比喻构建了一个从工业时代跨越到智能数字时代的前瞻思考框架。预见未来,不可能知道答案,但拥有一个好的框架之后,就能帮助我们适应变革。

比喻一:通过摩尔定律来理解学习曲线。

摩尔定律可谓耳熟能详。自从 20 世纪 60 年代半导体被发明之后,摩尔定律就被用来解读芯片的发展,即芯片上半导体的数量每 18 个月到 2 年会翻番,成本则会下降一半。摩尔定律并不是物理定律,但在过去 70 年,整个芯片产业几乎一直沿着这一定律前行。不同的人会有不同的解读,有人认为摩尔定律基本上界定了整个芯片

---

* [美]乔治·吉尔德:《后资本主义生活》,蒋豪译,浙江人民出版社 2024 年 9 月版。

产业的投资更新周期,有的人则担心当芯片即将突破 3 纳米——几乎是物理的极限之后——它即将失效。

在吉尔德眼中,摩尔定律是一种帮助我们理解经济发展的比喻,摩尔定律背后的幂率(即指数级的增长)恰恰是驱动知识经济最重要的发展规律。学习即增长,摩尔定律体现的是学习曲线的演进。

理解中国制造的发展,尤其是从仿造到自主创新的发展,学习曲线提供了一个重要的视角。经历了 20 年的飞速发展,中国制造的供应链发展几乎所向披靡。在传统的化工行业、机械制造、钢铁等等行业,中国的产业链齐备程度基本上已经独步世界,具备产能优势和成本优势,在学习曲线上已经进入加速提升的快车道。从光伏到液晶屏,从电池到电动车,快车道的加持让中国制造几乎只要进入某个行业,都能在比较短的时间形成规模与成本的优势,而且日益保持技术的领先。

学习曲线之所以遵循加速回报定律,因为经验的积累和扩散所带来的价值,恰恰是"财富即知识"中积累下来的知识。此外,经验具备无形资产的价值,或者说隐藏资产的价值,不可言说,没办法用语言表达出来的东西,不是简单的"逆向工程"就能够学会的,必须通过"学中干、干中学"来积累。中国制造的从仿造到创新,本质上就是在实际工作中学习了经验,积累了经验,传播了经验。前瞻中国经济必须理解这一加速动能。

比喻二:用集装箱来比喻环境与创新的关系。

集装箱可谓 20 世纪最重要的发明之一,推动全球贸易在 1960

年后的60年从1万亿美元增加到28.5万亿美元,让东亚和中国可以更方便地加入全球经济的大分工,也让价廉物美的中国制造可以风靡全球。

从信息论的观察视角,吉尔德将集装箱与电信和互联网发展类比:集装箱的发明者马克林预见的是一个用于贸易的分组交换网络,与移动通信和互联网上信息传递所运用的分组交换一样。通过标准化,全球贸易从散货的模拟世界转型成为集装箱的准数字化世界。可移动、可升降、可堆叠、可存储、可冷藏的标准集装箱(TEU)成为全球贸易中传递的字节。标准化的集装箱大幅压低了海运的成本。过去60年,集装箱仅仅为美国就节约了约1.4万亿美元。

从信息论的视角来看集装箱,节约的是集装箱货轮相对于散装货轮巨大的时间成本。从效率和创新的角度,集装箱又能让我们看到支持未来创新,哪些可为,哪些不可为。集装箱带来标准化、效率、节约成本,是一种高效的秩序,换言之是低熵的状态;而集装箱货运催生的全球经济大发展却是多样的、百花齐放的、不断创新的,换言之是高熵的状态。

集装箱和它运送的海量货物也可以用来比喻营商环境和创新之间的关系。营商环境应该像集装箱那样,标准化、有秩序、便宜高效,用以支持百花齐放、复杂多样的创新,就好像极其丰富的海运商品。用吉尔德的原话就是"经济政策应消除传送渠道中的熵,以增加传送内容的熵",就好像圣诞礼物盒,盒子是看得见的,意外惊喜则是在里面的。

这一比喻也可以很好去类比政府与市场的关系:前者提供便宜高效的制度环境,后者奖励冒险淘汰失败。与"学习即增长"结合起来,经济政策的可靠性不在于它是否增强了激励,而在于是否加速了学习。当信息迅速生成并能够自由流动时,学习就会加速。而在第三个比喻中,我们将理解到底什么是信息。

比喻三:信息即意外,不确定性是未来的主旋律。

理解"信息即意外",先得讲个老掉牙的笑话:监狱的囚犯已经讲了太多次同样的笑话,以至于后来他们只是给出了笑话的编号,每当一个囚犯喊出笑话的编号时,他们仍然会引起笑声,因为选择编号是一个意外。如果他真的讲了笑话,只会得到嘘声,甚至更糟。

为什么会这样? 因为囚犯在监狱里待得太久,所讲的笑话都是老掉牙的,听得耳朵里都起了茧子,如果再讲一遍,没有提供新的信息,不仅不会给人带来愉快,只会让人感到厌烦。随机抛出的编号则不同,不可能事先知道。信息即意外,哪怕是对原有信息的重新排列组合。

《为什么伟大不能被计划》一书一再强调探索的重要性。探索就是遭遇意外,因为科学进步的重要性可以通过判断信息意外程度的方式来衡量,突破越不合理,遇到的阻力越大,产生的影响可能就越大。

在人工智能带来巨大便捷的时代,我们特别需要提防"信息即秩序"的想法。的确人工智能——比如算法的推荐——会带来巨大的便利,无处不在的监控也会带来无比的安全。回归集装箱的比

145

喻,这种秩序的便利和安全应该是我们创新的基础设施和支持系统,而不是我们逃避意外的避风港。已经知道的并不是信息,秩序可能只是创新的基础,创新需要意外,越离谱的意外越可能带来巨大的创新。如果我们越来越将意外视为不可接受的风险就会出问题。

尽管知识是已知事物的总和,但每一次对知识的增加,每一条新的信息都会带来意外。下一步总是未知的,总是一个需要证明或证伪的实验,总是被时间的不透明帷幕所隐藏。这自然就引出了第四个比喻,关于时间的比喻。

比喻四:货币即时间,只有时间是稀缺的资源,富足时代的特征是时间价格的持续降低,而节约时间带来的恰恰是富足。

货币即时间,因为时间是唯一不能印刷、扭曲、伪造的货币,是未来唯一稀缺的资源。但时间还有一个重要特征,即无限可延展性。在探索未知,拥抱意外的过程中,只有时间是衡量生产力、经济价值和丰富程度的终极标尺。时间终将检验(Time will tell)应该是我们对待未知的惯常态度。

时间价格也是衡量富足和丰沛最好的标尺。时间价格是计算赚取商品和服务所需的小时和分钟。从福特引进生产线,大幅降低 T 型车成本(学习曲线),提高小时工资来吸引工人,汽车就开始进入工薪阶层家庭。以小时工资来计算,福特生产线的工人可以用不到 3 个月的工资买到 1 台车,这是之前人们想都不能想的事情。

随着时间价格的下降,往往是穷人受益最多。因为不再需要为了温饱而终日奔忙,每个人都会有更多时间去休闲或者去创造。按照《超级丰裕》(*Superabundance*)中的计算,在最新一波全球化的约40年间(1980年到2022年),(西方)工人用他们的时间能够多购买大约300%的商品和服务。

在《后资本主义生活》中,吉尔德提出了四个经典的命题:财富即知识、增长即学习、信息即意外、货币即时间。这些命题也是我们思考数字智能时代/无形经济时代需要推进的改变的抓手。

赫拉利提出 AI 时代的三大问题

尤瓦尔·赫拉利(Yuval Harari)的新书《智人之上》*是《未来简史》出版 8 年以来他的又一本新书,正好跨越了从 2016 年 AlphaGo 击败李世石到 2024 年生成式人工智能大爆炸的两段 AI 大爆炸的时期。如果说《未来简史》还是在 AI 大爆炸原点所做的畅想,那么《智人之上》可以说是经过长时间参与 AI 讨论与思考之后对未来的分析。

赫拉利在这本书中对 AI 时代提出了三大问题:

1. 如何从信息的流动和联结的视角去思考未来?

2. 为什么秩序与真相经常是鱼和熊掌不可兼得?为什么更多的信息并不会自动指向真相/真理?

3. AI 作为会思考和能行动的信息创造者和载体,可能给人类历史带来哪些重大变革?

先来看第一个问题,为什么可以透过信息来分析历史、权力和未来?赫拉利提出信息的流动和联结是我们理解人类历史的抓手。

---

* [以色列]尤瓦尔·赫拉利:《智人之上》,林俊宏译,中信出版集团 2024 年 9 月版。

要理解这一点,首先我们需要知道什么是信息? 什么是信息技术? 为什么信息和信息技术对我们人类的组织至关重要?

信息一开始是口口相传的知识,是我们对这个世界的认知和我们自己的感受(也就是客观存在和主观认知),也可以说是我们对外部世界和外部世界的运行规则不断构建的认知模型,一个外部世界的虚拟分身(衍生到当下就是数字分身的概念)。在此技术之上,我们又开始构建一系列新的认知,从传说到故事,从宗教到信仰,从法律到制度,都是我们人类塑造的一系列人群间构建的认知,其主要作用是通过达成共识,来维持人类的秩序,让人类可以更大规模地被组织起来。从认知和秩序这两个视角——而认知在科学思想出现之后又逐渐演化成了我们对真理和真相的追求——分析,信息对人类而言具有重大意义。

那什么是信息技术呢? 信息技术可以说是信息的载体和传播方式。语言和文字是最早的信息载体,也是人类之所以成为地球的主宰最重要的发明。文字所形成的文档和书籍则是信息技术的又一进步。文档第一次创造了独立于口口相传的现实世界的模拟,甚至在人类历史的演进过程中扮演了越来越重要的角色:从最基本的交易记录,到维护商业的契约,再到法律的条文和判例……字据和凭证,既是真实的验证,在很多情况下更是超越真实的唯一证据。

书籍与文档最大的区别,不只是书籍的篇幅更长,更重要在于书是复制成许多份的文档,书最早的立意就是为了更好地传播,而且因为每一份都是副本,确保传播的讯息一致而不被篡改(当然,在印刷术被发明并广为流传之前,书籍依赖手抄,纰漏与错误在所难免)。从犹太教、基督教经典形成历史来看,早期西方的书籍可以等同于经典。

作为经典的书籍,代表了一种不容置疑的真相。在信息匮乏的时代,在大多数人都愚昧无知、大多数人都不识字的时代,经典就代表了一种权威。经典有利于塑造一种大多数人服从的秩序,也因为经典的一致性,它可以取代特定个体成为维持秩序的权威。但经典的问题是无法与时俱进,不可能穿越时代去解决未来发生的问题,无法自我修正,所以才会出现经典的解释者。以犹太教为例,后续出现了解释经书的密释纳和塔木德,也形成了犹太人质疑与辩论的传统。

活字印刷术在西方的出现带来了革命性的成果,普及了知识传播,也让知识变得更加便宜。赫拉利并不认为活字印刷术推动了文艺复兴和科学的发展,认为技术既能帮助传播科学和真理,其实更容易传播谣言和煽动性的文字。这一特点在报纸的出现、计算机、互联网和 AI 时代依然如此,因为"坏事传千里"。

从信息和信息技术的发展不难引出第二大问题:信息技术与权力秩序之间有何关系?

赫拉利在《智人之上》开篇就特别批驳了科技万能主义者"天真的信息观",这一观点认为只要有更多信息,人们就能更好地发现真相,接近真理。他推崇复杂的信息观,认为信息不仅会带领我们走近真理,也可能帮助人类塑造秩序,而秩序和真理在很多时候是"鱼与熊掌不可兼得",历史上牺牲真相来维持秩序的例子比比皆是。

在探讨真相和秩序在人类历史上的取舍关系之前,我们还是需要理解信息与信息技术的演进。从历史的发展来看,人类社会的信息越来越多,尤其是计算机和互联网发明之后,呈现出爆炸式地增长。信息技术也是如此,从印刷术到电报、收音机、电话、电视、计算机和互联网,人类信息交流也呈现出一种爆炸式增长的态势。

同样,站在历史分析的视角,赫拉利似乎推导出一个结论,即信息的匮乏与信息技术落后所带来的信息传播效率低下(想象一下电报和火车在中国出现之前,最快的信息传递技术是八百里加急的驿传系统)导致大多数人类组织都是独裁而不是民主的,无论是王国还是帝国。

他提出,在信息技术高度发达之前,分布式的民主信息网络似乎就是无法与大规模的社会兼容。论据不少,比如在现代之前,只有希腊城邦才真正践行过民主。因为民主的实践需要参与和对话,让更多人对利益相关的事项参与讨论,而且要保证这种讨论是高质量的,而不是鸡同鸭讲的。这就需要至少满足两点:一是每个参与者都要处于彼此的听力范围之内,可以相互听见;二是每个人都必须对自己谈论的内容有基本的了解,需要教育和媒体,让大家都能对自己从未亲身经历的议题有一定理解。换句话说,在一个大多数人还是文盲、没有现代媒体、信息传递不便的时代,只有小国寡民的城邦才可能真正践行民主。

相反,在信息匮乏和信息技术落后的时代,反而更容易塑造专制的秩序。专制会基于某种故事或者传说，比如君权神授、天子的天命等等，也会形成一套话语体系、意识形态来维持秩序，而秩序说白了就是稳定，各安其位、按部就班，在一个巨大规模上不出现混乱。

当然，这种对秩序的追求很可能出现扼杀真相以维持秩序的情况，古今中外可以说这样的例子数不胜数。总体而言会出现三大问题。一是从狐假虎威到指鹿为马。赵高与秦二世之间指鹿为马的故事众人皆知。从信息的视角来分析，当赵高垄断了秦二世的信息渠道，当整个秦帝国的信息都汇总到赵高手中时，他就成了拥有真正权力的幕后独裁者。罗马皇帝提比略成了禁卫军队长塞扬努斯的傀儡也是类似的例子。二是必须应对僵化、难以变通的风险。三是这种秩序还可能培养出奴性、虚伪、对他人的不信任和悲观。

这种真相与秩序的冲突，我们也可以从短期与长期的角度来分析。从短期而言，在信息匮乏和信息技术落后的时代，独裁是一个更加高效的治理体系。因为掌握权力的人会是那些知道如何创造意识形态来维持秩序的人。他们通过虚构故事来化繁就简，避实就虚：虚构的故事要多简单就可以多简单，而现实要复杂得多；真相常常令人痛苦不堪，虚构的故事可塑性更强。早期的意识形态，无论是宗教还是神话，都有类似的特征。但从长期来看，这样的治理体系就会出问题。

短期有效而长期失衡的主要原因是系统缺乏自我修正或者纠错的能力。一个牺牲真相而维持秩序的系统最大的挑战恰恰是缺乏自我修正能力。

真相与秩序的冲突也体现在科学的发展上。赫拉利认为,科学革命的真正引擎是自我修正机制。科学鼓励的是怀疑自己,而阴谋论者常常对众人既有的共识表示怀疑。自我修正机制的好处是追求真理,与时俱进,坏处是打破秩序。而科学机构之所以能够如此,是因为它把维护社会秩序的艰巨任务留给了其他机构制度。换句话说,如果没有其他现代制度,比如说法治,科学也很难独善其身。

对科学的讨论进一步延伸就变成了如何创新与突破的问题。真正的创新与突破可能一开始是异端邪说,并不为多少人所认同,也可能是一连串的失败。所以不难发现,秩序和创新也是一对悖论:秩序强调的是稳定,是服从,很难构成创新和突破的土壤;而创新会带来混乱,也需要一定程度的混乱与打破常规,通常会挑战秩序,威胁稳定。

回到赫拉利论证的出发点,如果说专制是因为信息匮乏和信息技术落后,那么随着信息的爆炸和信息技术的进步,我们是不是就可以自动走向民主?

赫拉利的答案是不一定,因为他给民主下了一个重要的定义,那就是全民有效参与的对话。换句话说,问题就变成了信息爆炸和信息技术的进步是否能够推动全民有效参与对话?分拆下来就是信息爆炸是否能自动带来一系列改变,比如教育的提升,全民认知的提升,媒体的繁荣,媒体是否能成为普通人没有亲身经历、但却利益攸关问题的严肃开放的讨论场域?或者信息爆炸带来的是更多的噪音和虚假甚至有害信息的泛滥？信息技术的进步强化的是小群体、小圈子的认同，是信息茧房，是认知的极化。

以美国为例，他悲观地认为，无论现在真正影响美国的对话在哪里进行，都绝对不是在国会，而美国民主最大的挑战则是"人民已经失去了倾听彼此的意愿或能力"。

这就引发第三个连接历史和未来的问题，AI将带来哪些重大变革？要回答这个问题，就需要把AI置身信息与信息技术发展的历史语境去思考。这一思考首先基于赫拉利对历史的认知，他认为新信息技术的发明总能促成重大的历史变革，因为信息最重要的作用是编织新的网络，而不是呈现既有现实。此外，历史上的信息网络往往重视秩序而轻真理。所以潜台词是AI同样会带来重大的变革，但作为最新的信息技术它可能也面临重秩序而轻真理的挑战。

其次，基于他对信息多维度的思考。原先我们会问：信息在多大程度上反映了现实？是真的还是假的？现在我们更需要问：信息在多大程度上联结了人群？创造出什么新的网络？换句话说，AI联结了谁、创造出了什么新的网络？

最后，AI与此前的信息与信息技术有着本质的区别。此前的信息技术只是成员之间的联结，而在未来的信息网络中，AI将是一个完整的成员。换句话说，这一轮生成式人工智能已经可以产出逼真的内容，未来AI的大跃进让它更加会成为人类社会对话的参与者。而这种参与是福还是祸？

结合这三个维度，赫拉利眼中AI的未来是灰色的，这种灰色体现在层层递进的三个方面。

第一，如果就文字、声音和视频而言，已经很难区分 AI 与人。AI 可能写出极具说服力的政治宣言，创造出深度伪造的图像与影片，赢得我们的信任与友谊，那怎么办？如果我们再和一个假装成为人的智能体对话，我们会双输（输两次），与机器辩论无法说服它，却让它更了解我们。现在并没有特别好的机制去约束 AI 制造深度伪造的谎言和谣言，而眼球经济驱动的平台算法一再展示出它的各种问题——比如为了增加社交平台的黏性和使用时间，算法会更倾向撕裂和极端的内容，而不是理性的思考。未来如果商业利益主导 AI 的进步，这种问题会愈演愈烈。

第二，算法面临一致性问题：只要人类给出一个特定目标，计算机就可能竭尽全力，所使用的方法可能出乎意料。当 AI 的智能爆炸式增长，一致性问题带来的潜在危害也会呈现几何级的增长。如果我们假设 AI 在可预见的未来还无法形成意识，超乎人类的智能可以让 AI 更高效地实现人类的目标，却无法真正理解人类的意图。上文谈及的短期与长期、秩序与真相的矛盾，如果无法为高智能的 AI 理解，就可能进一步被极化（即极度关注短期而忽略长期，或者为了维持秩序完全罔顾真相）。

第三，人工智能不仅快，而且永不停歇，这看起来是优势，其实也隐含着巨大的风险。因为人需要有张有弛，会跟不上机器的节奏，因为机器也会犯错误。怎么能让永不停歇的网络走慢点，也让它有机会修正自己不断累积的错误？

基于这三个维度,我们再回到 AI 到底会带来哪些历史变革的大命题——它会帮助创建一个什么样的新秩序?

赫拉利的担忧是"硅幕"(类比冷战期间的"铁幕")。赫拉利认为 AI 创造的很可能是更为集中的秩序,让信息和权力更容易集中于单一枢纽,推动人类进入新的帝国时代。更值得担忧的是,它可能让世界变成平行的数字世界,使之分属于敌对的数字帝国。

"硅幕"划分的世界新秩序有三个特点:第一,代码决定你生活在"硅幕"的哪一侧、被哪些算法控制生活、被谁控制注意力,以及你的数据流向何方;第二,"硅幕"两侧,不仅技术上越来越不同,在文化价值观、社会规范与政治结构方面差异也越来越大;第三,"硅幕"两侧大多数国家并不会另外自行研发本地用 AI 的技术,而是直接采用"硅幕"两侧主导大国的技术。

如何从历史看未来?赫拉利是历史学家加哲学家,主要修中世纪的历史,成名之后,他有各种机会去了解 AI 的变化,也不断思考 AI 到底会给人类社会带来什么样的改变。在《智人之上》中,他提出用信息产生什么样的人群联结这一视角来理解人类的历史,以此推演出人类历史是一段真相和秩序平衡的历史,很有创见。

但他以信息为抓手分析历史发展和前瞻未来,至少在两方面需要更为深入的探讨。第一,信息作为构建现实世界的模型,在 AI 时代会出现哪些突破?历史上叙事、故事、神话的确重要,但当我们可以拥有海量的数据,涵盖实时发生和历史上积累的数据,这样的数据到底能构建一个什么样的逼真世界,乃至模型?在数字孪生不断进化的世界中,AI是最为重要的推动力量。显然需要跳脱民主与专制的单一维度去思考AI会带来哪些全新的可能性。

第二,他虽然提出信息建构了人群之间的构建的认知,却没有花笔墨去深入分析这些构建,比如说法治,比如说构建信任,比如说商业网络。信息之于市场需要的一系列规则和制度的发展同样作用非凡。

成为一名历史未来学家并不容易。"铁幕"和"硅幕"的类比是《智人之上》最贴近以史为鉴的地方,它推动我们思考如何避免"硅幕"的出现,因为不会有多少人愿意重复"铁幕"的历史。

但我们不能忽略市场的发展,尤其不可忽略晚近出现的富可敌国企业的发展。1990年"铁幕"落下之后,全球最重要的发展,除了信息技术的突飞猛进之外,恰恰是富可敌国的平台型企业的快速壮大,以及挑战这些企业的颠覆力量的层出不穷。AI时代,这些企业在技术应用和塑造未来商业领域会发挥大得多的作用,他们的选择至少会影响到"硅幕"的宽窄与高矮。相应的,AI的进步也会不断孕育出摧毁"硅幕"的力量。

人与 AI 融合的奇妙之旅

AI 赋能的时代会是一个什么样子,未来学家雷·库兹韦尔(Ray Kurzweil)在《奇点更近》*中为我们勾勒出一幅壮丽的图景。与 AI 融合,人类将开启奇妙的旅程。但思维能力爆炸式增长,创造力爆棚,也能不断解决从疾病到衰老等一系列问题,达到某种程度的数字永生。

过去两年生成式人工智能的狂飙显然让库兹韦尔信心爆棚,机器是否会取代人,甚至伤害人类,已经不在《奇点更近》的思考范围之内了。相反,他把目标锁定在"人与机器"的结合可以释放出多大的创造力上。

库兹韦尔首先更新了奇点的定义:"我们将与 AI 融为一体,并利用比人类强数百倍的计算能力来增强自己的能力。"融入,让 AI 赋能人类,这是一个更加奇妙的未来。

这种期许基于三方面的假设。首先,AI 与人类是不同的智能。AI 与人类不同,不太可能更像人。人类的智能其实是各不相同的认

---

* ［美］雷·库兹韦尔:《奇点更近》,芦义译,中国财政经济出版社 2024 年 9 月版。

知能力的结合。同样，我们也应该把 AI 的进步看作一系列独立技能的集合。在一些方面，AI 已经具备超人的能力，比如运算的速度，能够处理海量的数据，更重要的是它将延续过去 60 年一再被验证的"摩尔定律"，算力每两年翻番，呈现出持续指数级增长的态势。在另一些方面，AI 很难变得像人。AI 尚需跨越三个重要的里程碑，分别是情境记忆、常识理解和社交互动。换句话说，AI 仍然无法构建一个关于现实世界的模型，也无法设想不同场景，并预测现实世界中可能发生的后果；同样它也难以做到换位思考，用别人的视角观察世界。这些都是人类特有的能力。

如果我们假设 AI 未来的发展不是变得更像人，而是在它更擅长的领域保持指数级发展的态势，人与机器的融合就变得顺理成章，奇点意味着 AI 赋能的以人为主导的"超人"的诞生。

其次，作为最新也最为重要的通用目的技术（GPT, general purpose technology），AI 不仅会持续指数级发展，也会成为其他一系列技术发展的重要推动力。这些技术，不仅涵盖了我们人类社会未来发展所需要的各种重要技术，比如可再生能源（可再生能源取代化石能源的速度可能比我们想象得更快，仅光伏一项，如果能够在材料学和转化率上大幅提升，就能带来惊人的效果），比如说垂直农业等等，更重要地它将成为一系列领域突破的智力基础，比如纳米技术。

《奇点更近》可以说把大部分人类社会和与人自身相关的技术变革都寄望于纳米技术的大发展和分子/原子级别的重塑上。在库兹韦尔眼中,纳米技术不仅是人类治疗衰老达到"长寿逃逸速度"的重要工具,也是"随心所欲"塑造包括食物在内的万物的基础。这也是不少未来学家的终极梦想,对现实世界的重塑如果能够分拆到原子级别——毕竟这几乎是整个物理世界最基本的建构体——一切皆有可能。

最后,从有形向无形的跨越将变得更加彻底,最终人类的智慧也将如此。从有形向无形的跨越涵盖几个层面。一个最基本的层面是基于 VR/AR 的智能元宇宙的普及。库兹韦尔预测到 21 世纪 20 年代末,VR/AR 技术将融合成一个引人注目的新现实层,在这个数字世界中,许多产品甚至不需要以实物的形态存在。

在此之上是 AI 赋能的层面,AI 和技术融合将使越来越多的商品和服务转变为信息技术,它们也能从数字领域已经出现并为 AI 加速的指数级增长趋势中获益。在无形主导的未来,万事万物最大的价值在于知识,至于如何制造出来,载体是什么,差别不大。电子书和没有内容的电子笔记本就是最好的比喻,两者可以有类似的载体,但电子书有价值,而空白的电子笔记本一文不值,免费让人使用。产品的真正价值将体现在它们所包含的信息上,即投入其中的所有创新,从创意到其制造过程的软件。

第三个层面是人类的思考与 AI 的融合。库兹韦尔认为,人的思考是无形的,并不依赖于有形且多变的大脑,一个人身份的完整性是由信息和功能决定的,而不是任何特定的结构或材料。换句话说人类的思考并不完全依赖于大脑,这就为未来"脑机接口"带来的从有形的大脑到无形的"超脑"的跨越奠定基础。

他预测人类发展将很快进入第五个时代,直接将人类的生物认知与数字技术的速度和力量结合起来。具体而言,21世纪30年代,脑机接口将让人有机会拥有第二个大脑,无论是将自己的思想上传到云端,还是为自己的思考增加算力。到了21世纪40年代初,纳米机器人将能够进入活人大脑,并复制构成个人记忆和性格的所有数据,形成二号你,或者说以数字化方式备份我们的思维文件。到了2045年,人类的思维能力将扩展数百万倍。

人与AI的融合意味着"超脑"的诞生,仅基于生物电脑这种有机基质的心智,将无法与通过纳米精密工程增强的心智相提并论。显然,库兹韦尔在《奇点更近》中开启了一场特别有意义的思维实验,试图描绘出人与AI融合之后螺旋上升的理想画面。

首先,AI指数级增长会让人类的思想如虎添翼,形成人机融合的超人。而这种超人的智慧又能解决人类的各种问题,从治疗疾病到延长人类生命。此外,它也将带动在更为广阔领域深远的创新,重塑物理世界,无论是微观层面还是宏观层面。这些再辅之以XR创造的虚拟世界智能元宇宙,会带来更加美好的生活。

按照他的畅想,在这一基础上,人类将跨入第六个时代,人类的智能将延展至整个宇宙,把普通物质转变为能在最密集计算水平上进行组织的数层计算材料(computronium)——这其实是超人智慧、纳米技术、材料技术的结合,让人类可以用原子为材料重塑世界,搭建未来。

这的确是激动人心的未来。但我想还是需要拉回到现实来讨论这些问题。首先,在过去 30 年,尤其是在西方国家,我们其实已经很明显地看到了虚拟世界与真实世界发展的巨大脱节。彼得·蒂尔(Peter Thiel)的金句"50 年前,你们就承诺未来会有飞行汽车,可是我们等来的却是 140 个字符(推特、X)"就比较好地诠释了这种脱节。库兹韦尔也指出,过去 30 年西方的 GDP 或许发展放缓,中产阶层的工资也持续二十多年停滞,但是以信息/知识来衡量,以计算能力来比较,却是呈现出指数级别的增长,普通人的生活在某些方面也的确取得了巨大的改善(你几乎难以想象一个工作和生活中没有智能手机的世界)。换句话说,过去几十年西方以货币计算的财富和收入增长的停滞并没有正确反映信息技术推动的生活方式的巨大改善。

AI 是不是那个衔接现实和虚拟世界的超级技术?我想这是我们要追问的根本问题,毕竟我们终于等来了飞行汽车,甚至是低空经济的大爆炸,这多少要拜 AI 进步带来的算力所赐。

另一方面,我们又要给那种过度乐观的观点泼点凉水。生物医药领域的进步可能比我们想象的要慢得多。无论是制药还是医疗,改进往往慢于我们的预期。在疫情期间火速制造出 mRNA 疫苗的两家厂商在转回靶向治疗癌症,创建定制化癌症疫苗的路远比他们想象的更艰苦。所以库兹韦尔以 10 年为一个单位,认为到了 2050 年人类就能达到"长寿逃逸速度"的预测,很可能过于乐观了。同样,脑机接口,人类的意识上传,创造人类的第二大脑,实现人类调用 AI 的巨大算力塑造出超级大脑,这些到底是科幻的想象,还是可以加速落地的技术,需要等待更多科研的突破。至于库兹韦尔倾注了巨大热情于纳米领域,许多情节只能说更贴近科幻小说里的场景。

当然,《奇点更近》并没有回避现实中的经济和社会的问题。超越金钱和货币,让我们更多意识到知识(无形资产)的价值,找到新方法来衡量算力增长和信息技术给人类带来的福祉,是这本书对未来经济学的贡献。但我们不能忽视市场经济内在的发展逻辑。我们步入 2024 年最后一个季度后,金融市场对这一轮 AI 泡沫的质疑已经越来越多。巨头对算力的投入能否找到可持续(能赚钱)的商业模式? 短期内 AI 取代了工作(包括大量的程序员)会给社会带来哪些影响? 这些问题同样没有正确答案,却很可能影响到 AI 的发展,因为没有巨额金钱和脑力的投入,指数级的突破并不会自动到来。

当然,也许 AI 的发展就是会超乎我们的想象。如果真是这样,我们的确距离奇点更近了。

从《巴拉吉预言》看硅谷的"右转"

3 年前,《纳瓦尔宝典》*横空出世,让一位 70 后印度裔美国投资人的哲学语录风靡一时。两年后,另一位 80 后印度裔创业者兼投资人的思维又被同一位作者埃里克·乔根森整理成为《巴拉吉预言》**,除了创新与创业的建议之外,这是一本堪称解读硅谷创业家思想"右转"的入门读本。

巴拉吉·斯里尼瓦桑(Balaji Srinivasan)和纳瓦尔·拉维坎特(Naval Ravikant)有着类似的经历,都是印度移民的后代,纽约人,从小热爱阅读,因为是班上唯一的棕色皮肤人种,从小不容易合群,在优等生和留堂生的排行榜上都是名列第一,被老师认为是另类问题少年——成绩好但麻烦也不少。常春藤学校是他们两人跃升的起点,纳瓦尔上的是达特茅斯学院,巴拉吉去的是斯坦福大学。硅谷则是两人事业起飞的地方,不过巴拉吉在闯荡硅谷之前,读完了博士还当了几年老师。

如果说《纳瓦尔宝典》是一本人生哲学思考的鸡汤,《巴拉吉预

---

　*　[美]埃里克·乔根森:《纳瓦尔宝典》,赵灿译,中信出版集团 2022 年 4 月版。
　**　[美]埃里克·乔根森:《巴拉吉预言》,周游译,中信出版集团 2024 年 11 月版。

言》则展现了一类硅谷科技思想家对未来商业与社会的偏好:区块链之不可篡改的真实是他们追求的真实;比特币/以太坊在工作流中加入激励机制,通过智能合约来推动协作,是他们追求的工作方式;加密的实时大数据构建的匿名经济是他们追求的经济形态。

除此之外,《巴拉吉预言》对当下美国社会的批评要尖锐得多。在马斯克花了大力气帮助特朗普重返白宫,特朗普很可能推动硅谷自由意志主义者(libertarian)关注的一系列议题之际——比如为比特币等加密货币监管解绑,为膨胀的联邦政府瘦身——《巴拉吉预言》反而成为一本读懂硅谷"右转"思潮的解密书。为什么加密货币重要?为什么传统媒体不一定可信?为什么眼球经济需要迭代?科技投资人的深入思考很值得我们去理解。

未来的媒体长什么样?

这次美国大选被认为是以播客为代表的新兴媒体碾压《纽约时报》和CNN等传统媒体的一次宣战。特朗普、当选副总统万斯和马斯克在选举前的最后两周接连登上全美最受欢迎的播客 The Joe Rogan Experience,这被认为是帮助选战胜利的关键点。The Joe Rogan Experience 的听众是 CNN 的 30 倍之多。

传统媒体失去了影响力么?特朗普一定这样认为。但巴拉吉给出了层层递进的三重思考,其思考的核心是什么是真相以及真相是否能有效传播。

首先，他提出传统新闻媒体被封为"第四权"并不应该是想当然的，当传统媒体监督高科技公司的时候，自己也需要被人来监督。他举例认为，当扎克伯格因为拥有超级投票权可以控制 Meta 而被《纽约时报》诟病的时候，《纽约时报》作为家族企业几代相传的股权结构同样应该被审视。相比扎克伯格白手起家创建全球最大的社交媒体平台，执掌《纽约时报》的苏兹贝格家族已经传了四代。创业者和通过血缘上位，谁更能获得普通人的信任？答案并非自明。当然，这并不是说巴拉吉力挺 Meta 而看不上《纽约时报》。掌舵人是谁？是否受到监督？这些的确是个真问题。

社交媒体也已经成为"第五权"，对普罗大众的影响力深远。社交媒体最大的问题是眼球经济，追求高的点赞量和传播量。但巴拉吉指出：受欢迎程度可以通过点赞数来衡量，真相却不能。换句话说，追逐流量的眼球经济催生了太多标题党，就好像加了糖的饼干，偶尔吃一点没问题，如果变成了主食，人就不再有营养，而且很容易患病。

用营养食谱和信息食谱作类比，让我们意识到真相和有价值的信息是多么重要。"你用嘴巴摄入的东西来重塑你的身体，利用眼睛和耳朵摄入的东西重塑你的大脑。"如果社交媒体推送给我们更多垃圾信息，很难想象普罗大众的认知能够健康向上。

在对传统媒体和社交媒体各打四十大板之后，作为区块链的拥趸，巴拉吉提出去中心化的媒体是未来。他认为，推特是去中心化媒体的第一稿,是注意力的一种调度机制,就像优步将司机调度权给乘客一样,把内容的调度权交给普罗大众,让人人皆媒。YouTube则创建了一种用户需求驱动的去中心化的内容创造模式,也有非常好的分润机制。用户付费是支持去中心化创作最主要的收入来源,付费订阅只是第一步。

理想的状态是依据内容最终带来哪些行动、而这些行动又会带来多少收益来计费。许多初创公司的创立受到了某篇文章的启发。如果作者能够获得在他们的启发下创办公司的一些股权,那么这将彻底改变作者的激励结构。让有影响力的作者分享影响力带来的行动果实是一个大胆的想法,未来可能会依靠区块链和智能合约才能实现。

从确认真实和分润收益两个角度出发,巴拉吉断言,区块链将成为历史的初稿,因为未来新闻将全部以事件信息流为基础,记录在全球性区块链之上。这也引出巴拉吉的第二大论断,为什么加密货币要被追捧?

加密货币不是黄金

特朗普赢得大选,比特币暴涨接近 10 万美元。市场情绪高涨的原因有两方面,一方面是特朗普在选举中明确表示将松绑加密货币的监管,另一方面则是因为美国财政赤字已超过 GDP 的 6％,让不少人觉得加密货币相对于法定货币更适合作为价值之锚。

巴拉吉鼓吹加密货币却完全不是因为上述原因。他劈头盖脸批评那些炒作加密货币赚钱的人:"那些说加密货币只是另一种资产类别的人就像说互联网只是另一种媒体渠道的人。他们不理解可编程性、无需许可性或点对点的概念,而且高估了传统机构的稳定性。"

用互联网的发展来比喻加密货币的潜力,颇有新意,因为互联网带来的不仅是载体的改变,它在承载电视、广播、报纸、电影等传统媒体之后,还创造出全新的媒体类型。我们现在熟悉的社交媒体、短视频、播客,都是互联网作为载体创造的新物种。

以此类比,如果仅仅用黄金这种储值资产,或者美元这样的交易货币来定义加密货币,会极大限制对未来的想象力。巴拉吉认为,加密货币带来的不仅是价值载体的改变——也就是我们通常所认为的货币的三大功能,即交易媒介、定价单位和价值储藏——而且还会承载金融资产的交易,包括股票、债券、大宗商品等主要类别,并创造出全新的资产类型。

"加密货币正在将世界变成投资者,就像互联网将世界变成出版商一样。"这是来自加密货币的支持者非常激进的预言。巴拉吉看重的并不是比特币的价格是否能撑破天,他更在意加密货币是否能支撑去中心化的金融创新。

创新不会止步于金融领域。就好像他预测未来新闻将全部以事件信息流为基础,传统的机构也会因为去中心化的变革而被替代:

哥伦比亚新闻学院将被加密事件信息流取代,耶鲁大学法学院将被智能合约取代。而全栈式的律师事务所会将所有合同模板化,以法律 API 为核心技术,并尝试深度压缩法律成本。

全球技术阶层理解的"新边疆"

硅谷的主流是科技万能主义者,巴拉吉也不例外。他认为科技哲学的基本信条是:相信下一个问题是可以解决的。科技的历史就是"有用之术"的历史,相比之下政治的历史是固权之术的历史。一个有用,一个弄权,也表达了硅谷对于政治的态度。

推动硅谷成为全球创新源头源自互联网的兴起。巴拉吉把互联网定义为新边疆,将硅谷创业者与美国的立国精神勾兑:"互联网对于美国来说就像曾经的美洲对于英国一样,是一个包罗万象的边疆。"边疆是野心家寻求财富的途径,也是社会实验的场所,没有边疆,一切都将变成零和游戏。

而作为新移民,巴拉吉和马斯克都属于互联网催生的全球技术阶层。通过巴拉吉的总结,我们大致能理解马斯克和他所代表的一大批硅谷创业者对美国政府的臃肿和僵化的不满。"当人们停止冒险并陷入僵化的系统时,系统性风险就会显现。"这是他们最担心的,也是为什么马斯克一再鼓吹效率部(DOGE)推动瘦身的原因。

这也体现全球技术阶层推动改变的方式:不要为任何事情争论

不休，去建立一个替代方案；当传统机构无可救药时，就去建立更好的机构，并取而代之。

在《巴拉吉预言》这本书的最后，作者提出了一个问题，询问读者愿意生活在哪个美国，总共有三个选项：

1. 生活在现实中的美国＋数字化的美国。

2. 只生活在现实中的美国，但没有互联网。

3. 只生活在数字化的美国，但现实中本人不在美国。

数字化互联网上的美国可以被认为是全球技术阶层的理想国，而现实中的美国则是他们希望带来改变的地方。但如果现实与数字化的美国"鱼与熊掌不可兼得"的话，他们会作出怎样的选择？巴拉吉的答案是会有更多人选择选项三而不是二。

硅谷自由意志主义者（libertarian）的大佬彼得·蒂尔想象在海洋中建立一个"高科技乌托邦"的漂浮城市，巴拉吉在自己的书《网络国家》（*The Network State*）中也畅想如何创建一个由新技术"主导的"国家。这些新移民组成的全球技术阶层的潜台词很明显，美国的吸引力在于创新，如果美国失去了创新就没有什么可以留恋的。

马斯克向前更进一步，希望改造现实中的美国，实现全球科技阶层的理想。这种拓边者的理想与现实的碰撞，虽然仍然很可能会成为权力斗争阴影下的一场失败的社会实验，但总觉得令人期待。

为什么阿西莫格鲁对 AI 悲观？

攫取式或者包容式发展模式会如何影响国家的长期繁荣,这是 2024 年三位诺贝尔经济学奖获奖者研究的主要方向。阿西莫格鲁和约翰逊合著的《权力与进步》(*Power and Progress*)＊将这一思考的框架拓展到对 AI 未来的研究,给出了三个相对悲观的推演,给我也带来了新的启发:在一个特别强调科技高歌猛进,而且不断有人提出历史上一再出现旧的工作被取代,新的工作同时会被创造出来的"进步"叙事时,我们需要警惕,这样的叙事会不会只代表了高科技精英的思考。

第一,阿西莫格鲁担心人类社会,尤其是高科技主导的国家,会重新分化成为两个阶层,一个是少数垄断话语权的知识工作者,代表了高科技龙头企业的利益,不断推动 AI 的发展,而 AI 发展的一个重要副产品就是取代人。另一个则是多数被 AI 逐渐取代的普通人。

这套进步叙事可以有很多种。我所认同的一种是现在仍然有很

＊ Daron Acemoglu and Simon Johnson, *Power and Progress*, Public Affairs, 2024.10.

多人陷入"非人"(dehumanizing)的工作中去,也就是所谓工作的异化,他们只是流水线上的螺丝钉,做着不断重复的工作。这些工作被取代,其实是 AI 解放人,因为 AI 是可以 7 天 24 小时不间断完成高效工作的。

但这种叙事如果推导出不用多担心 AI 取代人类工作,就可能陷入缺乏"换位思考"的精英思维了,因为仍然有大量工薪阶层需要工作来养家糊口,尽管他们并不一定喜欢自己的工作。在我们解决大多数人仍然能工作挣钱这一点之前,不能简单地大笔一挥说,别担心工作被 AI 取代,会有新工作,别忘了转换工作需要学习新技能,需要时间。

从这一点来讲,阿西莫格鲁作为劳动经济学和制度经济学的专家,他的提醒非常重要,他提醒我们在讨论科技变革的时候,需要劳工视角。

第二,也是我们经常热议的一点,如果 AI 取代了大多数人的工作,我们是不是应该努力创建 UBI(universal basic income),也就是全民基本工资。在阿西莫格鲁看来,如果把希望寄托在全民基本工资上,人类无可避免地会走向一个大多数人即将失业的世界,一小撮人设计着越来越先进的数字科技,与其他所有人之间变得越来越不平等,而我们唯一能做的就是进行大规模的财富重新分配。

他认为,信奉全民基本工资等于信奉失败主义,因为这意味着劳工阶层放弃了自己努力的机会,而寄希望于上层设计出某种制度来保障自己的基本生活。

第三,指出问题之后,需要解决问题。而解决问题的方案,虽然看起来很天真,但也很实际,方案就是要更多倾听劳工的声音,要能听到不同产业不同类型工薪阶层的声音,要让他们有机会、有能力、相对平等地参与到科技可能会带来哪些变革的讨论中去,要努力创造可能影响到千百万人的公共政策的讨论空间。

阿西莫格鲁对于民主的理解是,民主最重要的特色,要让各种不同的声音,特别是普罗大众的声音,都得到倾听,而且能够影响公共政策的方向。他认为,公共领域一方面是个论坛,让各种意见都能发言,另一方面也是个跳板,让意见得以影响政策。

他特别关注德国工会代表劳工对资本的制衡作用:职工委员会负责个别工作场所的沟通协调,并能对技术与培训方面的决策发表意见;而产业工会则比较注重于整体产业薪资的设定。换句话说,他理想中代表工薪阶层的组织,不是简单地去争取更高的工资、更人性化的待遇,而是能够有机会与高科技资本在一个平等的水平上就可能影响到许多人的问题进行沟通。

这样,就要拉回到最初攫取式与包容式两种经济发展模式的比较了。攫取式是单向的、资本掌控的、短期的,没有办法确保长期的、可持续的繁荣。包容式是双向的,是资本与劳工相互需要商量的,而劳工也有一定制衡手段的,是长期的。而在 AI 时代,劳工,或者说普罗大众面临的与高科技资本之间的不平等,并不是被拉平,而很可能被拉大,这也是值得警醒的一点。

最后再分享两点阿西莫格鲁的警告。

第一,需要充分理解机器和人的区别,这一点许多人强调了。比如凯文·凯利会说机器是效率机器,可以不断提升效率,而人是非效率机器,创造性的活动原本就是非标的,是低效的,两者衡量的标准不同。阿西莫格鲁提醒我们,尤其是当 AI 变得越来越强大时,需要警惕对 AI 的依赖:当科技剥夺人类的主动性和判断力之后,有时候只是让事情变得更糟,而不是变得更好。

第二,过去 10 年,互联网平台企业最重要的商业模式是"眼球经济",或者说注意力经济的商业模式。在这种模式之下,每个消费者可能获得了免费的服务,但其实是我们的注意力变成了平台售卖的商品。平台因此不断希望了解我们的喜好,搜集海量的数据,监视我们的行为,而 AI 的发展更让平台如虎添翼,千人千面,定制化的服务,更加精准地推荐,甚至预判我们的喜好,塑造我们的行为,都成为可能。在阿西莫格鲁看来,注意力经济最大的问题是以增加用户黏性和参与度为主要目标,带来大规模的"上瘾"行为,而制造这种上瘾的手段是不断极化的内容和不断加厚的信息茧房,这些都可能削弱普罗大众的判断力,削弱可以制衡资本利益的群众的智慧。

未来的平台,去中心化的理想,回归互联网 30 年前创建的初心,恰恰是阿西莫格鲁在《权力与进步》中提出的需要在 AI 时代构建全新的制度和规则的出发点,而这样的制度和规则制定的目标就是要发挥普罗大众的智慧。

跋　阅读、思考与表达

数字智能时代还需要阅读么？当 AI 可以浏览海量的数据，有问必答的时候，我们还需要阅读么？在新时代如何回答这个老套的问题？

举个例子，摩根的 CEO 达蒙每天早晨 5 点起床，先花两小时深度阅读，然后冥想，思考一天重要的三件事，最后再适度锻炼，吃早餐去上班。他认为形成阅读的好习惯，终身受益。盖茨和小巴菲特在 25 岁时，两人之所以能成为忘年交，因为三个共同爱好：热爱阅读、勤于思考、喜欢桥牌。盖茨每年的书单为人传颂。针对年轻人的教育，盖茨特别强调 3R 能力，阅读理解、写作和算数的能力（Reading, Writing and Arithmetic）。没有这些能力，他认为很难应对各种复杂情况，更不用说作出明智的决策了。

很多人担心，在眼球经济时代，我们的注意力被类似短视频一样的碎片化信息所吸引，而算法牢笼又让许多人深度阅读能力受到巨大影响，有问必答 AI 的出现也可能会影响深度思考，让冥思苦想变得越来越稀少，就好像智能手机和 GPS 的出现使邂逅变得越来越稀少一样，其结果是全民平庸化。另一些知识工作者则提出，AI 越是便利，资讯越是唾手可得，人更需要花时间阅读。因为阅读是构建每个人知识结构的基础,在此基础上人们才能对新知重新筛选和组合,达到触类旁通,这是机器目前很难企及的。换句话说,阅读理解非常重要,没有它,很难在世界中导航。

那该如何形成阅读的习惯?我怎么知道哪本书值得读?投资人出身的年轻哲学家纳瓦尔的回答很简单,读完100本书,你大概就能分辨出到底什么是好书,也能形成阅读的习惯。打一个不恰当的比方,当有人告诉你长跑不仅强身健体,而且愉悦身心的时候,你的反应可能是"无感"。毕竟,这种感觉只有自己亲身经历才能体会,不可言传。

回到本书的主题,作为阅读总结,我想强调一个观点:阅读和思考、阅读和写作、阅读和表达,这三点对于每个人都变得越来越重要。我们不仅要推广阅读,还要在阅读之后产生行动,没有思考、写作和表达的阅读是不完整的,经历了思考、写作和表达的阅读才能为我所用,深化认知,推动交流,塑造影响力。这里分享三个例子。

宁高宁的《三生万物》

在读《三生万物》之前,我只知道宁高宁是著名企业家。但这本书翻开就放不下,题目写得好,内容也紧扣标题:宁家三兄弟各自成长历程(一门三兄弟在各自领域都能获得成功让人不得不啧啧称奇)、自己的三段工作经历(华润、中粮、中化)、自己与三段工作的告别……言简而情深。宁高宁之所以能写出夹叙夹议,一半回忆录、一半管理思想总结的文字,因为他长期阅读与写作,并把思考融入其中,并不断表达。在秘书捉刀成为"官场"常态的当下,如此亲力亲为,感觉是异类,殊不知这种习惯不断提升了宁高宁的修养。

首先,他把读书和写作看作涉猎和思考的过程,广泛地阅读、持之以恒地写作、不断地分享成为他工作的日常,成为通过广泛学习而内化为自己观点和想法的过程。宁高宁认为,保留不断学习思考和写作的习惯是提升管理能力的窍门。许多优秀的企业家有类似的观点,比如任正非。

其次,他很看重讲话和发言。持续学习和写作,讲话也会更有水平。这里的讲话绝不是秘书写稿子,领导念稿子。宁高宁把讲话当作影响团队,影响企业员工的一个机会。他从不念秘书写的稿子,认为这么做是对团队、对员工的不尊重。他提出,如果讲话时间15分钟,要讲完整,需要准备两天;如果只有5分钟,就更难了,想要讲好,要让人记得,要准备好几天。

为什么讲话那么重要,因为公司的领导者是最大的能量传递者和思想传播者。领导的发言和讲话,重点需完整、明确,主要观点让人记得。领导者不仅要会讲话,还得学会开会。会要开好,领导讲话要放在最后,宁高宁就是这么做的。这样领导的水平才能提升,因为得倾听之前所有发言人的讲话,梳理他人的观点,最后给出自己的总结,这样才能提升自己对问题的认知的水平。

不仅自己阅读和写作,宁高宁还很看重公司的企业内刊,无论是在华润、中粮还是中化,他都特别强调要办好内刊。和大多数人的印象不同,内刊绝对不是宣传领导的平台,而是内部沟通、分享想法、聚合观点的平台。他以万科的内刊为例,万科的总经理或者总部高管很多担任过万科内刊《万科周刊》的总编辑,这就打通了我们通常对于人才使用的泾渭分明。

宁高宁强调内刊要办得半官方,让员工觉得这是自主的阵地。他每期都会投稿,但绝对不要放在头条。这么做是因为他希望内刊能够真正成为传播领导想法与了解员工思想的平台。真正好的传播需要病毒式,需要能引起普通员工的共鸣,领导的想法也才能真正深入人心,才能通过内刊获得自下而上搜集想法的机会。此外,这么做还能创造重要的链接:在企业战略方向和团队诉求中找到最大共同点。

在宁高宁看来,读书是为了涉猎,写作是为了锻炼想法,投稿不是为了宣传,而是为了让自己的思想有机会进行病毒式传播,而讲话则是为了传播思想,传递能量。阅读、思考、写作、表达串联起来,成为领导者最重要的工作和能力之一。

80后印度裔的思想者

从投资人转为思想者成为硅谷最近的一股热潮,几年前《纳瓦尔宝典》梳理了纳瓦尔对财富和人生的思考。《巴拉吉预言》则是80

后印度裔思想者巴拉吉思考的汇编。他在书中把一个英文成语"garbage in garbage out"（垃圾进垃圾出，形容如果输入的没有质量，也很难期待高产出）作了一些转化，将营养食谱和信息食谱作了一番类比：你用嘴巴摄入的东西来重塑你的身体，利用眼睛和耳朵摄入的东西重塑你的大脑。为什么要深度阅读，因为这是人脑最重要的信息来源。

《巴拉吉预言》梳理了四大阅读的原则，也回答了不少人比较关心的阅读什么，怎么阅读的问题。

1. 套利原则。阅读最新的科技论文和最古老的书籍是最好的套利来源，它们包含最冷门的真实和最能赚钱的真相。你所了解的那些别人不能或不愿意承认的真相，就是你的竞争优势。

2. 拿来主义。阅读不同时空的社会安排类书籍是一件极有益处的事情。爱彼迎从 19 世纪末撰写的关于合租房的文章中汲取了房屋零租的灵感。众筹网站 Kickstarter 最初的想法也是从文艺复兴时代意大利的艺术品身上找到启发的，创始人发现在艺术品上有许多不起眼的赞助人的名字，一些人会为理想而赞助一小部分力量，启发了他们小额众筹的想法。

3. 复利原则。知识也能在其他知识的基础上实现复利增长，影响力同样如此。

4. 分享原则。团队要吸引那些能教会我们一些新东西的人：我寻找的是能够有效传播他们掌握的知识的人。当你和你的团队有不同的优势领域时，你们之间就会出现持续的知识交流。

套利原则和拿来主义强调了在阅读中获取新知的重要性,复利原则是财富增长最重要的原则,同样适用于认知。分享原则更为重要,它将个人置身人群,知识作为重要的无形资产,在交换的过程中可以达到1+1>2的效果,知识和技能互补性的团队可以走得更远。此外,巴拉吉也提出了一个非常重要的课题——分享的重要性。知识和想法需要流动和碰撞,阅读、思考、写作之外要表达,而且要在团队中碰撞,因为这种交换不仅互通有无,而且可能产生更加新颖的想法,推动创新。

从"知行合一"跃升到"说行合一"

《人生法则》的作者史蒂文·巴特利特更年轻,是90后,创业成功之后开办了自己的播客 The Diary of a CEO(CEO日记),对话成功的 CEO,梳理他们的经验。

按照中国人的传统,宁高宁退休后回忆分享自己的经验,很值得借鉴。巴特利特1992年生人,30岁出头,能有什么可以分享的呢? 这恰恰是我们需要克服的认知盲点。

在一个人人皆媒的时代,对 CEO 和领导者(其实可以拓展到所有有进取心,希望影响别人的人)的要求从"知行合一"跃升到"说行合一",不只是行动符合认知,还要能很好地对外表述自己的想法,讲述公司的故事,让更多人理解自己、理解公司,增加自己的感染力和影响力。

"说行合一"强调在行动中思考：想要学习某事，阅读相关资料；想要理解某事，撰写相关文章；想要精通某事，教会别人。这是另一种将阅读、思考、写作和分享串联起来的努力。说行合一不仅要迈出出圈蹭流量的第一步，还要在参与和互动中创造新价值。吸引眼球固然重要，更重要的是能清晰表达，在参与讨论的过程中提升自己的能力。出圈，为的是提升自己的能力圈。

巴特利特在自己的播客中访谈了上百位重磅 CEO，基于此的梳理和总结就很值得分享，而且这种分享本身就是他自己的修炼。

2024 年是播客在全球出圈的大年，因为播客影响到了美国大选，特朗普、马斯克和万斯频频上美国年轻人喜爱的播客，比如 Joe Rogan Show 和 Lex，被认为是特朗普赢得更多年轻选民投票的主要原因。以乔·罗根与特朗普的对话为例，接近三个小时侃侃而谈，很难预先包装，必须卸下面具，展露真我。相比精心策划与包装的访谈，听众更愿意听到一个真实的表达，哪怕这种表达并不完美。

不仅如此，企业家办播客也成为常态，比如阿里的蔡崇信上了挪威主权财富基金的首席执行官坦根（Nicolai Tangen）的播客 In Good Company（良友为伴）深度分享内容引发国内外热议，也体现了传播价值。

放在中国语境，这是鼓励企业家经营自己的个人 IP，做"注意力商人"。不同的是，真正优秀的注意力商人，不只是蹭流量、出圈，还得乐意分享真实的东西，能分享出高质量的内容。

这就不得不回到我们对当下眼球经济的分析。

TikTok在美国爆火,成为普通美国人重要的信息来源。有意思的是 TikTok 的算法也推动了美国人更加热爱阅读,让许多小众作者的书籍被挖掘出来。

这听起来有点匪夷所思,抖音被人最为诟病的不就是短视频占据了人的注意力,让人们不读书了么？怎么同样的工具,在美国"换了马甲"成 TikTok,不同人使用竟然会带来不同的结果？TikTok 让人人皆媒,也让热爱阅读的人找到了表达和建立个人影响力的空间,精准的算法推荐让这些人能更容易找到有类似兴趣的人。原先分散的阅读者可以通过对自己喜爱的书——很多是小众的——的阅读和分享找到知音,也因此让小众的书籍可以有机会曝光。

算法没有倾向性,它容易放大头部(马太效应),也可能促进更多的连接(长尾效应)。背后的差异可能是起始函数的不同。当更多人形成了阅读的习惯,算法也会成为幕后推手。

让我们一起努力,让更多人参与到阅读、思考与表达的行动中来。

图书在版编目(CIP)数据

探源 ：AI 狂飙时代的管理常识与实践创新 / 吴晨著.
上海 ： 上海人民出版社，2025. -- ISBN 978-7-208
-19531-8

Ⅰ. F272

中国国家版本馆 CIP 数据核字第 2025YV7045 号

责任编辑 史桢菁　王　冲
封面设计 陈绿竞

探源——AI 狂飙时代的管理常识与实践创新
吴　晨 著

出　　版　上海人民出版社
　　　　　（201101　上海市闵行区号景路 159 弄 C 座）
发　　行　上海人民出版社发行中心
印　　刷　苏州工业园区美柯乐制版印刷有限公司
开　　本　890×1240　1/32
印　　张　6.5
插　　页　5
字　　数　123,000
版　　次　2025 年 6 月第 1 版
印　　次　2025 年 6 月第 1 次印刷
ISBN 978 - 7 - 208 - 19531 - 8/F · 2913
定　　价　60.00 元